康养产业理论与实践系列研究 · 总主编 张旭辉

KANGYANG CHANYE
FAZHAN DONGLI JIZHI YU MOSHI YANJIU

康养产业
发展动力机制与模式研究

李博 / 著

中国财经出版传媒集团
经济科学出版社
Economic Science Press
·北京·

图书在版编目（CIP）数据

康养产业发展动力机制与模式研究/李博著 . --北京：经济科学出版社，2023.12
（康养产业理论与实践系列研究/张旭辉总主编）
ISBN 978 - 7 - 5218 - 5398 - 8

Ⅰ.①康…　Ⅱ.①李…　Ⅲ.①养老 - 服务业 - 产业发展 - 研究 - 中国　Ⅳ.①F726.99

中国国家版本馆 CIP 数据核字（2023）第 244614 号

责任编辑：刘　丽
责任校对：王肖楠
责任印制：范　艳

康养产业发展动力机制与模式研究

李　博　著

经济科学出版社出版、发行　新华书店经销
社址：北京市海淀区阜成路甲 28 号　邮编：100142
总编部电话：010 - 88191217　发行部电话：010 - 88191522
网址：www. esp. com. cn
电子邮箱：esp@ esp. com. cn
天猫网店：经济科学出版社旗舰店
网址：http://jjkxcbs. tmall. com
北京季蜂印刷有限公司印装
710 × 1000　16 开　8.5 印张　120000 字
2023 年 12 月第 1 版　2023 年 12 月第 1 次印刷
ISBN 978 - 7 - 5218 - 5398 - 8　定价：58.00 元
（图书出现印装问题，本社负责调换。电话：010 - 88191545）
（版权所有　侵权必究　打击盗版　举报热线：010 - 88191661
QQ：2242791300　营销中心电话：010 - 88191537
电子邮箱：dbts@ esp. com. cn）

▶ 总　序 ◀

一、肇始新路：迈步新时代的中国康养产业

就个人而言，健康既是最基本的需要，又是最终极的需要；就社会而言，健康既是人类一切经济社会活动得以展开的前提，也是经济社会发展的最终目标。作为5000年辉煌文明绵延不绝的国家，中华民族早自商周时期，便开始了对各类强身健体、延年益寿方术的探究，其后更开创了深具辩证思想与中华特色的传统医学体系和养生文化。我国传统医学中"治未病"的思想及其指导下的长期实践，在保障国民身体健康中持续地发挥着巨大的作用。相对于西方医学，传统中国在强身健体领域的理论与实践内在地契合现代医疗健康理念从疾病主导型向健康主导型的转变趋势。

但受制于发展水平和物质技术条件的限制，"早熟而晚成"的传统中国，长期陷入"低水平均衡陷阱"而难以自拔。亿兆生民虽终日劳碌仍求温饱而难得，更遑论对健康长寿的现实追求。逮至16～18世纪中西方发展进入"大分流"时代，双方发展差距渐次拉大。西方政治—经济—军事霸权复合体携炮舰与商船迅速叩开古老中国的大门。白银的长期外流摧毁了晚清的经济体系，鸦片的肆虐则同时摧毁了国民的身体与精神。

由是，国民之健康与否不再仅仅是一种个体的表现，而是成为国家机体是否健康的表征，深切地与中国能否作为一个合格的现代国家自立于世界民族之林这样的宏大命题紧密关联。是以，才有年轻的周树人（鲁迅）受激于国民的愚弱，愤而弃医从文，以求唤起民众，改造精神。

是以，才有青年毛泽东忧于"国力苶弱，武风不振，民族之体质，日趋轻细"，愤而发出"文明其精神，野蛮其体魄"的呼声。彼时，帝制已被推翻，民国得以建立。然而先是军阀混战，继而日寇入侵，兵连祸结，民不聊生。内忧外患之下，反动贪腐的国民政府自顾尚且不暇，又何来对国民健康之关注与投入。

直到 1949 年中华人民共和国成立，中国之医疗卫生事业才得以开启新路。在中国共产党的领导下，新中国医疗卫生事业取得了辉煌的成就，被世界卫生组织誉为"发展中国家的典范"。计划经济时期，通过三级医疗卫生服务体系、"赤脚医生"、合作医疗等制度创新和独特实践在全国范围内建立了全球规模最大的公共卫生体系，保障了全体人民都能享受到最基本、最公平的医疗服务。改革开放时期，医疗卫生事业市场化改革深入推进，医疗卫生机构被赋予更多自主权，民间资本得以允许举办医疗机构，大幅拓宽了医疗卫生资源的供给渠道，缺医少药情况有了根本性的改观。同时，启动多轮医改，力求探索出"医改这一世界性难题的中国式解决办法"，以建设好"维护十几亿人民健康福祉的重大民生工程"。

进入新时代，我国社会的主要矛盾由"人民日益增长的物质文化需要与落后的社会生产之间的矛盾"转化为"人民日益增长的美好生活需要和不平衡不充分的发展之间的矛盾"。广大人民群众对健康的需要进一步提升。"民之所忧，我必念之；民之所盼，我必行之"。2015 年，"健康中国"上升为国家战略；2016 年，《"健康中国 2030"规划纲要》出台；2021 年，《中华人民共和国国民经济和社会发展第十四个五年规划和 2035 年远景目标纲要》对全面推进"健康中国建设"进行了专门部署；2022 年，党的二十大报告再次强调"推进健康中国建设，把保障人民健康放在优先发展的战略位置"。中国的卫生健康事业正按照习近平总书记"树立大卫生、大健康的观念"的要求，从"以治病为中心转变为以人民健康为中心"。狭义的医疗卫生事业也扩展为大健康产业，其内涵、外延均变得更加丰富。作为"健康中国"五大建设任务之一的"健康产业发展"，在新时代得以开启蓬勃发展的新阶段。

二、道启新篇：康养产业发展亟需理论与实践创新

人民健康是民族昌盛和国家富强的重要标志。推进"健康中国"建设，既是全面建成小康社会、基本实现社会主义现代化的重要基础，更是全面提升中华民族健康素质、实现人民健康与经济社会协调发展的时代要求。推动康养产业发展构成了推进"健康中国"战略的重要抓手。然而客观地评价，虽然发展康养产业日渐成为投资热点，但总体上仍处于较为粗放的发展阶段。与之相对照，学术界对康养产业的关注虽持续走高，但同样处于起步阶段。现有成果主要集中在对康养产业的概念、内涵以及各地康养产业发展现状和前景的描述性分析上。对康养产业结构演进趋势、发展业态、发展模式、评价指标体系等的研究尚待深入。在康养政策法规、技术与服务标准等对产业发展具有重要支撑作用的研究领域尚未有效开展。新时代我国康养产业的高质量发展亟需理论与实践的双重创新。

在这样的背景下，"康养产业理论与实践系列研究"丛书的付梓可谓恰逢其时。丛书共包括六本，既相互独立又具有内在的逻辑关联；既注重对康养产业发展基础理论体系的构建，也兼顾对典型实践探索的经验总结；既注重对现有理论的充分借鉴并结合康养产业实际，对康养产业发展动力机制、投融资机制、发展模式与路径展开深层的学理化阐释，也兼顾产业竞争力评价、发展政策、产业标准等方面的应用性研究。丛书突破单一研究视野狭窄、以个案式分析为主的不足，构筑了一个较为完整的康养产业发展理论与实践体系。

具体而言，《康养产业发展理论与创新实践》起着总纲的作用，分康养产业发展理论与康养产业创新实践上下两篇。理论部分从宏观视角回顾了我国康养产业发展的历史脉络与发展趋势、国内外康养产业典型经验，构建了康养产业的产业经济学研究框架和公共经济学研究框架，建立了康养产业发展的理论基础，对康养产业统计检测与评价体系等进行了深入的分析。产业实践部分对攀枝花、秦皇岛、重庆石柱等的康养产业创新探索进行了总结提炼。《康养产业发展动力机制与模式研究》采用

宏微观结合的研究视角，分析康养产业产生的经济社会背景，聚焦于康养产业融合发展的动力机制的学理分析和典型模式的经验总结，并对未来康养产业的演进趋势展开前瞻性分析。康养产业涉及范围广、投资周期长，其高质量发展对于大规模资金的持续有效投入有较高的需求。《康养产业投融资机制研究》从康养产业的产业属性出发，构建了多主体参与、多方式协调配合的投融资体系。《康养产业竞争力评价研究》构建了一个涵盖自然资源、医疗资源、养老服务、政策环境等因素的产业竞争力评价体系，从而为不同区域甄别康养产业发展优势和不足提供了一个可供参考的框架，也为差异化的政策设计提供了参考。科学而具有前瞻性的产业发展政策是康养产业高质量发展的重要支撑。《中国康养产业发展政策研究》以时间为序，从康养产业财税政策、金融政策、土地供应、人才政策、医养结合政策、"康养＋"产业政策六大方面对政策分类进行了系统的整理、统编、评述和前瞻，全面总结了中国康养产业发展政策方面的现有成果，并就未来政策的完善与创新进行了深入的分析。《康养产业标准化研究》则充分借鉴国际经验，结合我国的实际，就康养产业标准化的内容与体系、标准化实施与效果评价展开分析。

尤需说明的是，丛书作者所在的城市——攀枝花市是我国典型的老工业基地和资源型城市，有光荣的传统和辉煌时期。进入新时代，显然需要按照新发展理念构建新的格局，探索新的发展动力，创新发展业态，由此康养产业应运而生，也成为了我国康养产业发展的首倡者、先行者与引领者，其在康养领域多维多元的丰富实践和开拓创新为产业界和学术界所关注。丛书的作者均为攀枝花学院"中国攀西康养产业发展研究中心"——四川省唯一一个以康养产业为主题的省级社科重点研究基地的专兼职研究人员。也正是在这个团队的引领下，攀枝花学院近年来深耕康养研究，成为国内康养研究领域发文数量最多的研究机构。而"康养产业理论与实践系列研究"丛书，正是诞生于这样的背景之下，理论探索与实践开拓相互促进，学术研究与区域发展深度融合，可谓扎根中国大地做学问的一个鲜活示范。该丛书的出版，不仅对于指导本地区的康养产业高质量持续发展，而且对全省乃至全国同类型地区康养产业的发展都有指导和借鉴的意义。

　　展望未来，康养产业具有广阔的发展前景，是一个充满机遇与挑战的领域，需要我们以开放的心态和创新的思维去面对和解决其中的问题。随着技术的不断创新、政策的不断优化、人们健康观念的不断提升，康养产业将会在未来发挥更加重要的作用。同时，也需要我们不断探索、不断实践，推动康养产业的健康发展，"康养产业理论与实践系列研究"就是一次有益的尝试和探索。相信今后在各方的共同努力下，我国的康养产业将会迎来更加美好的明天。

　　是以为序，以志当下，更待来者！

2023 年 9 月 20 日于成都

▶ 前 言 ◀

自习近平总书记在 2016 年全国卫生与健康大会上把推进"健康中国"建设作为重大民心工程提上重要日程并作出全面部署后，国家层面就发展健康（康养）产业的政策密集出台，涵盖供需双侧和发展环境的多向度多层级政策体系日臻完善。《"健康中国 2030"规划纲要》将发展健康产业列为健康中国五大建设任务之一。党的二十大报告则进一步强调人民健康是民族昌盛和国家强盛的重要标志。把保障人民健康放在优先发展的战略位置，并对优化人口发展战略、实施积极应对人口老龄化国家战略、深化医药卫生体制改革等作出了战略性部署，开启了新时代中国大健康产业发展的新阶段。

从全球层面看，健康产业已成为多数发达国家经济增长的主要动力和支柱产业，国家卫生健康委员会数据显示，其增加值占 GDP 平均比重超过 15%。在美国，最大的产业是服务业，服务业中规模最大的是健康产业。2017 年，美国医疗卫生总支出已占到美国 GDP 的 17.15%。同期，我国医疗卫生总费用占 GDP 的比重仅为 6.32%，与发达国家甚至与部分发展水平相近的发展中国家差距较大。尽管我国康养产业尚处于发展早期阶段，但却正处于人口结构变迁、消费结构升级与结构性变迁交汇而形成的黄金机遇期。人口结构的变迁，尤其是老龄化程度的加深，为康养产业提供了巨大的市场空间。伴随老龄化加速对人口负增长的担忧而快速推进的生育政策变迁，以及快节奏、高压力工作状态下亚健康群体数量的快速增长，都进一步推进了康养产业向全生命周期和全年龄人口的广泛覆盖。人均收入水平的提升使我国居民的消费结构从温饱型、小康型逐渐向健康型迈进，为康养产业提供了巨大的有效需求。经济的快速发展和人均收入水平的提高使我国居民消费结构快速升级，其中教育、交通、健康需求的增速最为突出。康养产业成为当前我国持续深化的消费结构升级进程中最主要的受益产业之一。此外，持续的技术进步和产业融合步伐则不断推动新产品、新业态、新模式的诞生。

但总体而言，我国的康养产业仍处于发展初期阶段，理论研究和对策研究均较为薄弱。本书一方面聚焦康养产业概念的辨析，明确康养产业的概念属性，以求能为后续的研究奠定比较坚实的基础；另一方面则着重从宏观的人口结构变迁引致的家庭转变以及居民消费结构升级的经济社会意涵出发，揭示我国康养产业之所以在 21 世纪的第一个十年以"新兴产业"的身份走向经济舞台的背景。需要强调的是，技术进步在康养产业的形成、发展和升级中发挥了作用，但真正关键的还是在于康养产业所展现的庞大市场空间和发展潜力。市场拉动构成了康养产业形成和发展的核心动力。同时，鉴于康养产业的跨产业和融合发展特征，进一步分析了康养产业融合发展的动力机制，并总结了康养产业发展的典型模式。

本书作为"康养产业理论与实践系列研究"丛书中的一本，在撰写过程中得到了丛书编委会专家团队的大力支持，在此致以最诚挚的谢意。同时，经济科学出版社刘丽女士为本书的出版付出了辛勤的劳动，在此表示由衷的感谢。

由于笔者学识有限，疏漏在所难免，敬请广大读者批评指正。

李　博

2023 年 9 月 8 日

▶ 目　录 ◀

第1章 导　　论

1.1　研究背景

健康，既关乎个人，更关乎国计民生。国民健康是任何国家实现永续发展和民族振兴的现实基础。习近平总书记指出："没有全民健康，就没有全面小康。"《"健康中国2030"规划纲要》提出："健康是促进人的全面发展的必然要求，是经济社会发展的基础条件。实现国民健康长寿，是国家富强、民族振兴的重要标志，也是全国各族人民的共同愿望。"

当前，我国社会主要矛盾已经转化为人民日益增长的美好生活需要和不平衡不充分的发展之间的矛盾。伴随经济发展、社会进步、国民收入水平的提升，国民对于健康产品和服务的需求水平以更大的幅度提升，且呈现出品质化、多样化、个性化的趋势。1996年世界卫生组织提出，21世纪的医学将从"疾病医学"向"健康医学"发展；从重治疗向重预防发展；从针对病源的对抗治疗向整体治疗发展；从重视对病灶的改善向重视人体微生态的平衡改善发展；从群体治疗向个性化治疗发展；从生物治疗向身心综合治疗发展；从强调医生作用向重视病人（健康生活方式）作用发展。这一转型内在地契合着中华传统医学的辩证思想。然而，令人遗憾的是，虽然我国有着如此丰富的医学资源和医疗技术，亿万中国人民的健康需求却长期得不到基本的满足。直到1949年中华人民共和国成立，中国的医疗卫生事业才得以焕发生机和活力，真正成为守护国民健康的民生事业。

中国共产党坚持以人民为中心的发展宗旨，决定了其对医疗卫生事业的关注远远超过了其经济属性，医疗卫生事业被赋予民生工程和民心工程的意义。在中国共产党的正确领导下，中国的医疗卫生事业在短短的 70 余年里取得了全方位的进步，成为发展中国家的典型示范。按照国际通行的衡量国民健康水平的 3 个公认指标看，我国人口预期寿命从新中国成立之初的 35 岁提高到 2021 年的 78.3 岁，婴儿死亡率由 200‰ 下降到 5.6‰，孕产妇死亡率由 150/10 万下降到 16.9/10 万（中华人民共和国国家卫生健康委员会，2022）。从横向比较来看，我国国民健康水平不仅领先于广大发展中国家，在部分关键指标上甚至实现了对发达国家的超越。例如，2021 年我国居民的预期寿命为 78.3 岁，北京、天津、上海、浙江四个发达省市更是超过了 80 岁，而同期美国居民的预期寿命则为 76.1 岁。相较于新中国广受关注的经济发展成就而言，中国在医疗卫生领域所取得的成绩更为显著。新中国成立 74 年来，伴随党执政理念的不断进步，医疗卫生事业总体呈现螺旋式上升趋势，并已经历了三个比较明确的发展阶段。

第一个阶段从新中国成立到改革开放前期，建立了覆盖城乡的基本医疗卫生服务保障体系。根据 1988 年国家计生委所组织的全国范围内的一项回顾性抽样调查分析结果，1944—1949 年，我国婴儿死亡率高达 201‰，男性平均期望寿命仅为 37.9 岁，女性略高，为 40.3 岁，是同期全球预期寿命最低的国家之一。传染病及寄生虫病的广泛流行、极为有限的医疗资源和高度非均衡的城乡分配是新中国成立前我国健康水平低下的主要原因。20 世纪 50 年代的一项调查表明，当时全国 12 个省市的 346 个县血吸虫病高发，病患人数约 1000 万；全国 70% 的县（市）有疟疾流行，年发病数超过 3000 万。在医疗卫生资源方面，缺医少药是最真实的写照。1949 年，全国每千人医院床位数仅 0.15 张，卫生技术人员仅 0.93 人。此外，医疗卫生资源配置高度主要集中在大中城市。当时全国有 2000 多个县级行政单位，但仅有县医院 1437 所，县医院平均病床数仅为 7.8 张，平均卫生技术人员仅有 9.2 个（顾杏元等，1992）。从每千人床位数和每千人医技人员数的比较看，城市分别是农村的 12.6 倍和 2.56 倍。

面对落后的医疗卫生状况，党和国家按照"哪里有人民，哪里就有医疗机构"的原则，实行卫生工作者和广大群众相结合，开展群众性爱国卫生运动，党领导人民在全国建立了覆盖城乡的基本卫生服务体系，保障了人民群众的基本卫生需求（万建武，2020）。明确提出了"面向工农兵、预防为主、团结中西医、卫生工作与群众运动相结合"的工作方针，奠定了新中国医疗卫生事业发展的总体框架。以三级医疗卫生服务体系、赤脚医生、合作医疗等制度为代表的制度创新和独特实践，使中国成为不发达国家实现初级卫生保健的独有典范；创造了在经济发展水平较低的情况下，建立全面覆盖城乡的福利型公共卫生体系的奇迹；保障了全体人民都能享受到最基本、最公平的医疗服务，极大地提升了国民健康水平。据第三次全国人口普查数据，1981 年我国婴儿死亡率已下降至 34.7‰，出生时预期寿命上升至 67.8 岁。新中国卫生工作取得了巨大成就，被世界卫生组织誉为"发展中国家的典范"（刘延东，2017）。

第二个阶段始于改革开放，医疗卫生事业市场化改革深入推进。1978 年改革开放大幕开启，党和国家的工作重心转移到经济建设上。在市场经济大潮的影响下，医疗卫生事业的市场化改革同步推进。1979 年时任卫生部部长钱信忠提出"运用经济手段管理卫生事业"的初步设想（邹东涛和欧阳日辉，2008）。在被称为"医改元年"的 1985 年，卫生部在《关于卫生工作改革若干政策问题的报告》中提出，"必须进行改革，放宽政策，简政放权，多方集资，开阔发展卫生事业的路子，把卫生工作搞好"。在经济领域被广泛推行的多种形式的承包制、责任制被逐渐引入医疗卫生系统，医疗卫生机构被赋予更多自主权，极大地调动了医疗卫生机构和人员的积极性；民间资本得到允许举办医疗机构，大幅提升了医疗卫生资源的供给渠道和数量。与此同时，计划经济时期高度"福利性"的医疗保障体系由于剧烈的制度变迁而趋于瓦解，个人（家庭）的卫生健康主体责任大幅提升。在效率优先的导向下，医疗卫生工作的重点逐步从城乡兼顾转向城市，工作导向从"重预防"转向"重治疗"（张婷婷，2022），"事业"的属性渐趋弱化，"产业"的性质逐步增强。然而，兴一利必生一弊。医疗卫生领域的市场化改革虽然使缺医少药的情况有了根本性的改观，但看病难、看病贵、过度医疗等问题则日益凸显。于是国家于 2009 年启动新一轮医改。此次改革以"建立符合国情、惠及全民的医药卫生体制"为目标，以求建设好"维护十几亿人民健康福祉的重大民生工程"，力求探索出"医改这一世界性难题的中国式解决办法"，并着重强调了基本医疗卫生制度的公共产品属性。

第三个阶段始于党的十八大，全面推进以人民为中心的"健康中国"战略。经济长时期高速度的增长使人民收入水平快速提升，中国特色社会主义进入新时代。2016 年，在全国卫生与健康大会上，习近平总书记明确要求，要"树立大卫生、大健康的观念，把以治病为中心转变为以人民健康为中心"，"健康"的内涵从消极意义上的"不生病"转向更积极的"身体的、精神的和社会的完好状态"的大健康观。2017 年，党的十九大报告指出了我国社会基本矛盾从"人民日益增长的物质文化需要同落后的社会生产之间的矛盾"转化为"人民日益增长的美好生活需要和不平衡不充分的发展之间的矛盾"。人民群众对"美好生活"的向往，意味着在经济的普遍富足和物质生活得到较充分的满足之后，对健康的身心和高品质的生活方式的进一步追求，内在地蕴含着对更高水平的医疗服务和健康保障等的巨大需要。"民之所忧，我必念之；民之所盼，我必行之"。也正是在党的十九大报告中正式提出"实施健康中国战略"，强调"人民健康是民族昌盛和国家富强的重要标志"，健康中国建设上升到国家战略高度，人民健康放在优先发展的位置，"努力为人民群众提供全生命周期的卫生与健康服务""把健康融入所有政策"等表述频繁出现在党和国家的重要文献中，国家层面就发展健康产业的政策密集出台，各级地方政府迅速跟进。从中央到地方，涵盖供需双侧和发展环境的多向度多层级政策体系日臻完善。迄今为止，我国仅有教育和人民健康在总体上被置于"优先发展"的战略高度，既体现了这两项事业的极端重要性，更体现了对这两项事业的极端重视程度。2022 年，党的二十大报告再次强调"推进健康中国建设，把保障人民健康放在优先发展的战略位置，建立生育支持政策体系，实施积极应对人口老龄化国家战略，促进中医药传承创新发展，健全公共卫生体系，加强重大疫情防控救治体系和应急能力建设，有效遏制重大传染性疾病传播"。

1.2　研究目的和意义

2009 年，记者王赵在《今日海南》中刊发了一篇介绍海南旅游的新闻报道——《国际旅游岛：海南要开好康养游这个"方子"》。就我们所能查阅到的文献而言，这是国内文献中最早出现"康养"一词。尽管就其构词而言，"康养游"才是其完整的表述，但就其含义而言，与我们今天所说的"康养旅游"已非常接近。虽然并不能以此作为国内"康养产业"发展的时间起点，但至少可以帮助我们确定一个大致的时间段，即中国康养产业在 21 世纪的第一个十年里开始以一种"新兴产业"的形式出现，至今不过十余年的时间。2014 年，民革中央协同四川省政协在四川省攀枝花市举办了首届"中国康养产业发展论坛"。这是我们能够查询到的最早具有官方背景的关于"康养产业"的学术与产业发展论坛。此次论坛仅有新闻媒体的广泛报道，引发了社会各界的强烈关注。也正是在此次论坛之后，"康养产业"作为一个概念的接受度和传播度均大幅提高，相关新闻报道与学术研究快速升温。如果以此为起点，则其发展历程尚不到 10 年的时间。

虽为时尚短，但发展可谓迅速。2020 年《中国康养产业发展报告（2019）》估计，2018 年我国康养产业产值超过 6.85 万亿元，约占国内生产总值的 7.2%。这是一个相当保守的估计。原因在于，在 2019 年由国家统计局牵头编制的《健康产业统计分类（2019）》标准才得以出台，在此之前使用的则是口径较窄的《健康服务业分类（试行）》标准，统计范围仅涵盖与健康相关的服务业，未将中药材种植、养殖为主体的健康农业、林业、牧业和渔业，以医药和医疗器械等生产制造为主体的健康相关制造业纳入统计范围。《2022 中国卫生健康统计年鉴》中提供的中国历年卫生总费用时间序列数据为此提供了另一个证据。卫生总费用采用支出法进行核算，由政府卫生支出、社会卫生支出和个人卫生支出三部分加总而来。卫生总费用构成了健康消费的核心和基础部分，但同时又远小于健康消费总额。《2022 中国卫生健康统计年鉴》的中国历年卫生总费用数据显示，2018 年我国卫生总费用就达到了 5.91 万亿元，占国内生产总值的比重为 6.43%，已经接近何莼（2020）的估计。而 2021 年，我国卫生支出总费用上升到 7.68 万亿元，占 GDP 的比重进一步上升到 6.72%，增速远超经济增长速度。

更加让人期待的是康养产业未来的发展前景。在 2016 年由中共中央、国务院印发的《"健康中国 2030"规划纲要》中，明确要求要"建立起体系完整、结构优化的健康产业体系，形成一批具有较强创新能力和国际竞争力的大型企业，成为国民经济支柱性产业"，并设定了在 2030 年健康服务业总规模达到 16 万亿元的发展目标。考虑到这一目标仅包含健康服务业而未纳入与健康相关的第一、第二产业门类，因此到 2030 年健康产业的规模必然更加庞大。

但从康养产业发展的现实来看，当前我国康养产业的发展尚处于粗放阶段。发展导向上对于康养产业投入高、回报周期长的特征重视不够，盲目追求规模扩张，累积了大量风险；大量康养项目缺乏产业支撑，缺乏可持续发展能力；项目规划设计同质化问题突出，导致恶性竞争，扰乱行业生态；更有部分项目以发展康养产业为"营销噱头"和"投资诱饵"以求获取优惠政策或低价取得土地。近年来，大批以"康养地产"为名的房地产开发项目快速上马又陷入烂尾停工的状况就是最突出的表现。在广大农村地区则是另一幅场景，各地纷纷押注"康养小镇"，但难以摆脱千篇一律的面孔。农村丰富的康养资源尚未得到有效的开发，也缺乏整体的规划，不过成为"农家乐2.0"版本。"绿水青山"向"金山银山"的转化依然道阻且长。

康养产业覆盖面广、产业链长、就业吸纳能力强。目前被包含在"康养产业"概念之内的行业数量众多，其中既包括存续了数千年的中医养生，也包括在现代信息技术条件下才得以兴起的远程医疗；既包括医疗设备与器材的生产制造，也包括入家到户的健康管理服务；既持续地利用诸如针灸、汤药等传承千年的传统技艺，也快速地吸收诸如现代生物科技、智能穿戴等最新科技成果。在国家统计局编制的《健康产业统计分类（2019）》中，它横跨一二三产业，涵盖国民经济行业分类标准中的13个大类、58个中类、92个小类。与其说康养产业是一个新兴产业，毋宁说是一个庞大的产业体系更为恰当。

原因在于，尽管产业的概念总体而言是不断变化发展，但从供给角度，或者从需求角度定义产业仍然获得了较多的认同。从供给角度，产业被认为是"使用相同原材料、相同工艺、技术或生产相同用途产品的企业在同一市场的集合"。这一定义有利于分析各产业的均衡状态。从需求角度，产业被定义为"生产同类产品，并具有密切替代关系的企业在同一市场的集合"（苏东水，2000）。这样的定义则能够为研究中分析市场结构提供方便。显然，两个定义强调的重点是有差异的。从供给角度定义的产业更注重企业生产函数性质，注重生产过程中同质性（相同或相近）技术的使用；从需求角度定义的产业则更加强调具有同质性或替代性的产品对同一消费需求的满足。因此，其后有学者将二者进行了综合，强调产业既是一个技术集，又是一个产品集，即具有相同或相近的产出方式，同时具有相同或相近的产出结果的同质性经济活动（韩小明，2006）。

因此，特定的产业总是与特定的经济活动相对应。同质性成为一产业的显著特征。从大的产业划分而言，第三产业因共享提供和销售服务这一同质性而区别于以制造实物产品的第二产业；再进一步细分，制造业内部可以划分出更多子行业，其标准就在于这些企业在更具体的层次上具有同质性。由此也就可以推断出，不同的产业之间具有异质性。对照之前从供给和需求两个角度对产业进行定义出发，这种异质性同样体现于技术和产品两个层面，运用不同的技术（生产函数异质）组织生产且产出不同的产品或服务，就是不同产业异质性的表现。这种异质性决定了不同产业之间总是有明确而清晰的产业边界。因此，同质性和边界清晰构成了判断一个由众多企业构成的集合为何被归属于一个"产业"的关键特征。

但当我们用同质性和边界清晰两个条件去检验"康养产业"时，就会发现它很难满足其中的任何一个。同时，它更不满足"新兴产业"的特征。新兴产业作为传统产业的对称，通常是指依托创新的科研成果和新兴技术的发明应用而出现的新的部门和行业，目前主要指信息通信、生物科技、人工智能、新材料、新能源、海洋、空间等新技术的发展而产生和发展起来的一系列新兴产业部门。康业产业内部，虽然不乏利用新兴技术发展起来的子产业，但总体而言，大部分还是以传统产业为主。因此，在研究康养产业时亟须回答的问题就是"什么是康养产业"这一基础性根本性问题。

此外，康养产业自身所具有的跨界性特征，使其从登上经济舞台的第一天开始就具有了显著融合发展特征。康养产业的融合发展提升了产品竞争力，满足了国民多样化的健康需求。因此，探寻康养产业融合发展的动力机制，总结具有典型意义和推广价值的融合模式，不仅可以辨识推动康养产业发展的主导力量，识别其主要的阶段和特征，也对促进其高质量发展具有重大的现实意义。

本书的研究意义具体体现在：首先，基于"康养产业"出场的特殊背景，并在充分辨析现研究的基础上，界定了其概念的内涵和外延，从而为后续研究奠定基础。其次，现有针对产业融合的研究主要根源于制造业的融合发展实践而展开，运用现有理论解释康养产业融合发展的动力机制、融合过程和结果时，具有较大的局限性，本书将重点聚焦于此，对康养产业融合动力机制、典型模式进行系统分析。最后，针对康养产业不同融合模式提出了促进产业高质量发展的对策建议。

1.3　研 究 方 法

1. 文献研究法

着重梳理了国内外有关健康、康养、康养产业及产业融合的研究文献，并在充分阅读文献的基础上，对现有成果进行系统的归纳和总结，既为本书的写作奠定理论基础，也在文献的比较分析中发现可能创新的地方，确立了本书的研究框架和研究思路。

2. 实地调研法和比较分析法

这一方法主要运用于我国康养产业典型模式的研究部分。通过对我国康养产业发展中涌现出的新业态、新模式进行实际调研和比较分析，归纳总结出了具有代表性的发展模式。

3. 规范分析法

这一方法主要运用于本书的政策建议部分。基于康养产业在提升我国健康人力资本，化解老龄化、少子化，促进人口再生产中的重要性，着重从破除我国康养产业发展中的制度瓶颈，就供给层面、消费层面和环境层面提出了相关政策建议。

1.4　研 究 内 容

除导论外，本书的研究内容主要由以下几部分组成。

（1）第2章为健康、康养与康养产业的概念界定。由于我国康养产业发展相对较晚，完整的产业体系也未完全建立，理论研究也相对滞后，包括对于健康、康养、康养产业的概念界定上也尚未达成一致。本章着重阐述了相关概念。

（2）第3章侧重从宏观的人口结构变迁引致的家庭转变及其对于康养产业发展的经济社会意涵，解释了我国康养产业之所以在21世纪的第一个十年以"新兴产业"的身份走向经济舞台的背景。着重强调的是，技术进步在其中发挥了作用，但真正关键的还是在于康养产业所具有的庞大市场空间和发展潜力。

（3）第4章从收入水平增长和消费结构升级角度论证了庞大的市场空间正转化为巨大的有效需求，推进康养产业的绿色化、智能化发展。同时，本章还总结了日本康养产业发展的历程及其经验。

（4）第5章分析康养产业发展的典型模式。每一产业的发展都有自身的演化过程，康养产业也概莫能外。本章立足于我国康养产业的发展实践，总结出五种比较明确的发展模式：优势资源驱动模式、资源组合驱动模式、跨区域市场融合发展模式、智慧康养发展模式和产业生态圈发展模式。

（5）第6章为康养产业融合发展研究。康养产业具有天然的包容性产业，因此融合构成了康养产业发展中的关键词。在对产业融合相关理论进行梳理的基础上，对我国康养产业的融合动力机制与路径展开了分析。

（6）第7章提出促进康养产业发展的对策建议。从完善产业体系、优化发展环境、促进产业融合、提升健康素养等方面提出了促进我国康养产业发展的对策建议。

第2章 核心概念界定：健康、康养与康养产业

与经济增长和收入水平相伴随的，是人民消费需求和消费结构的不断升级。随着家庭对实物产品和生存型消费品的消费日渐饱和，在"人民日益增长的美好生活需要"中，新增消费需求逐步转向以教育、健康、娱乐、旅游等为主的发展型享受型服务消费，健康占有越来越重要的位置。"将健康融入所有政策"的"健康中国"战略，为经济学关于健康的研究从狭隘的"部门卫生经济学"转向"大健康"理念下的健康经济学提出了新的时代要求，其中最鲜明的转变就是从个体健康观向人民健康观的转变。

2.1 从个体健康观到人民健康观的发展

2.1.1 西方经济学视野下的个体健康观

健康经济学的发展始于20世纪初的美国，现已成为西方主流经济学中一个重要的学术分支，与马克思主义基于唯物史观从批判视角展开的健康分析不同，西方经济学对健康的研究几乎不涉及社会制度层面的反思，就学科的方法论和世界观立场而言远逊于马克思主义。但由于其广泛移植和借鉴西方主流经济学的理论体系和研究方法，并主要聚焦于医

· 11 ·

疗资源配置、医疗服务供给、医疗体制改革和健康的微观影响等更为现实的问题，因而就分析方法的数理化、模型化和实证性方面而言，体现出独特的优势。

任何一门学科的开拓都需要坚实的概念基础和理论支撑。在西方健康经济学从起步到发展的过程中，被阿罗（Arrow，2011）誉为"引发了新一轮经济学革命的富有致知性、创新性和创造性"的开创性研究成果起到了关键性的作用。其中，阿罗（Arrow）、格罗斯曼（Groomsman）和马什金（Mushkin）等的成果为其典型代表。

阿罗于1963年发表的《不确定性与医疗保健的福利经济学》被奉为健康经济学的开山之作，标志着健康经济学作为一门独立学科的诞生。在这篇经典论文中，阿罗开创性地将经济学思想运用于健康医疗市场研究。阿罗从医疗保健服务中普遍存在的不确定性、风险承担的不可销售性和信息不对称性等特征揭示了医疗服务市场偏离完全竞争市场的特殊性，阐明了单纯依靠市场机制难以实现医疗资源有效配置的原因，标志着健康经济学分析框架的确立。格罗斯曼（Grossman，1972）则融合了舒尔茨和贝克尔创立的人力资本理论，将健康视为一种能提高消费者满足程度的耐耗资本品，将医疗保健需求视为一种派生需求，对其消费目的在于提升个体人力资本，奠定了健康需求的微观基础，也开创性地建立了健康需求的理论模型。马什金（1962）基于经济学角度对健康的概念作了界定，在《健康作为一项投资》中，首次将教育和健康并列为影响劳动者人力资本的两大核心因素，并总结了对人力资本和劳动生产率造成损失的3个方面，即死亡、残疾和衰弱，正式将健康定义为"人力资本的构成部分"，开启了以经济学理念、思维和方法研究健康问题的大门。经由这些学者杰出的理论贡献，对健康问题的研究被纳入主流经济学的理论体系，并逐步发展成为一个相对独立的学科。

西方健康经济学的研究强调健康的微观分析，总体上可视为抱有一种个体健康观的倾向，即强调个体应为健康负主要责任，通过健康市场来满足健康需求是其主要的分析思路。这在西方健康经济学文献中被广泛提及的健康需求、健康消费、健康投资、健康折旧、健康回报等概念可见一斑。随着研究的深入，西方健康经济学也将现实社会广泛存在的健康不平等及其社会根源等问题纳入了研究议程，但通常用收入差距、工作环境、心理资本、劳动者个人身体状况等具体因素进行解释，从而削弱了其理论的深度和宽度。

相对于欧美发达国家，我国的健康经济学起步较晚。20 世纪 80 年代，随着医疗卫生领域市场化改革的推进，相关问题才开始进入国内学者的研究视野。在中国健康经济学发展的早期阶段，还普遍存在一种将健康经济学理解为卫生经济学的误解。后者实际上是一种着重于医疗卫生部门内部财务管理的"部门经济学"。

随着我国医药卫生体制改革的深化，国内卫生经济学关注的焦点也逐渐从医疗卫生财务管理这一狭窄领域逐步向医疗体制改革和健康事业发展等重大理论和实践问题转变（范方志等，2012）。温煦等（2017）在综合国内外研究成果的基础上，将健康经济学定义为：在社会变动过程中，通过对社会健康资源的最优配置实现人群人力资本最大化的学科，从而使健康与经济和产业发展、劳动力市场、人口老龄化、社会保障、医疗体制改革以及生活方式、环境对健康影响的研究都被纳入健康经济学的研究范畴（毛振华等，2020）。健康经济学成为一类涵盖社会学、人口学、心理学、法学等诸多研究领域的交叉学科。

2.1.2　马克思主义的健康观及其时代化

1. 马克思主义的健康观

马克思主义通常被认为由三个部分组成：马克思主义哲学、马克思主义政治经济学和科学社会主义（桑志达，1989）。三者之间紧密联系、相互支撑，使马克思主义成为完备而严密的科学理论体系。简言之，马克思主义哲学提供世界观和方法论，政治经济学则着重对现实社会（资本主义）的批判，科学社会主义则是对未来世界（社会主义、共产主义）的眺望，其最终目的，在于从宏观上导向"全人类的解放"，在微观上导向"人的自由而全面的发展"。对作为总体的"人类解放"及作为个体的人"自由而全面发展"的终极关怀贯彻马克思主义的始终。健康既是"现实中的人"维持个体生存的基本条件，更是个体开展"自由的有意识的活动"——劳动实践的前提。"现实中的人"依托这种"自由的有意识的活动"而成为"发展的人"。在这一生命历程展开的过程中，人得以展现其"天赋和才能"，在社会实践中"创造自己的历史"，为"人的自由而全面的发展"创造条件，也为"全人类的解放"开辟道路。

马克思主义建基于马克思主义方法论和世界观的科学性、革命性和人道主义立场。因此，尽管在马克思和恩格斯的经典著作中缺乏专门针对健康问题而展开的专门论述，但在其理论体系中则蕴含着丰富的健康思想。有学者曾对马克思的皇皇巨著《资本论》中所引用的作者进行过统计。结果发现，引用最多不是亚当·斯密和大卫·李嘉图这两位英国古典政治经济学的奠基人和集大成者，而是撰写过许多《公共卫生调查报告》的汉特医师。在《资本论》中，有超过40段材料来自汉特医师的调查报告，其中最长的引用篇幅超过了4000字。仅此一段就超过了《资本论》对亚当·斯密著作引用文字的总和（陆晓光，2008）。马克思一针见血地指出"资本是根本不关心工人的健康和寿命的，除非社会迫使它去关心。人们为体力和智力的衰退、夭折、过度劳动的折磨而愤愤不平，资本却回答，既然这种痛苦会增加我们的快乐（利润），我们又何必为此苦恼呢？"在马克思看来，工人群体健康状况的恶化从来就不是个别工人的个体遭遇，而是对工人阶级的整体性侵害。在《资本论》中，马克思以客观冷静的笔触，大量引用汉特医师调查报告提供的翔实案例和数据，系统地控诉资本主义生产方式对工人健康权利的侵害，深刻地批判了资本主义生产的剥削本质，反映了马克思高度关切工人阶级的生命安全和维护工人阶级健康权利的人民健康观。

从个体推及家庭、再及社会、进而国家，人民健康之重要价值，远远超过了其他事物。因此，从宏观层面看，健康既是人类从事一切经济、社会活动的前提，也是人类发展所追求的终极目标——全人类的解放。然而，在阶级社会，作为发展基础的健康却在资本追求剩余价值最大化的过程中被严重地损害了。这种损害系统性地根植于资本主义的生产方式。一如马克思所指出，"最勤劳的工人阶层的饥饿痛苦和富人建立在资本主义积累基础上的粗野的或高雅的奢侈浪费之间的内在联系，只有当人们认识了经济规律时才能揭露出来"，也如恩格斯所强调的，"工人阶级处境悲惨的原因不应当到这些小的弊病中去寻找，而应当到资本主义制度本身中去寻找"。

因此，马克思强调，没有社会秩序的根本变革，任何改良主义的社会福利计划或对穷人的救济，都仅仅是一种政治上的修饰，只有超越直接增强社会福利计划的企图，在一个全新的社会秩序下，健康等社会福利才有可能成为促进人发展的积极要素。人民健康的整体进步只有在完成彻底的社会变革，推翻资本主义制度之后才可能实现。站在历史唯物主义的立场，从超越个体健康的角度而提出人民健康观；从超越医疗卫生的角度提出其社会健康观；从批判资本主义剥削制度的角度提出其革命健康观，更从人类社会的整体解放出发而提出其发展健康观，成为马克思主义健康观最鲜明和突出的特点（杨善发，2018）。

2. 马克思主义健康观的时代化

当今世界越来越严重的健康不公平更加彰显了马克思健康观的时代价值。这种健康不公平，不仅来自生物界的疾病，更来源于资本主义经济制度的剥削性与社会秩序的非公正性。解决健康问题，就必须结束对工人的剥削，就意味着必须对资本主义的社会制度和社会结构进行根本性的变革。正如威廉·H. 麦克尼尔（2010）在《瘟疫与人》一书中所揭示的，"人类大多数生命其实处在一种由病菌的微寄生和大型天敌的巨寄生所构成的脆弱的平衡体系之中"。从人类社会的发展历程看，进入现代社会后，医学技术快速发展，人类针对"微寄生"的斗争节节胜利，但针对"巨寄生"——资本主义国家内部的剥削体系与资本主义世界体系范围内的剥夺体制的斗争却收效甚微。对此的改善，按照哈特（2014）的看法，需要一场比自 19 世纪以来任何一次都更为深刻的社会革命。

也只有在完成了这样一次深刻社会变革的中国，"以人民为中心的健康观"才得以确立。这一深刻而科学的观点，上承马克思恩格斯健康观的理论内核，贯穿中国共产党为保障人民健康的百年求索，当下，健康成为全球共同关心的话题，也使中国共产党以"人民为中心的健康观"跨越国界，进一步扩展和升华为"人类卫生健康共同体"，诠释着全人类对健康的期许与追求，为重构全球公共卫生治理秩序指明了方向（齐峰，2020）。

保障全体人民享有健康是中国特色社会主义伟大事业发展的根本目标之一。"没有全民健康，就没有全面小康"，习近平总书记关于人民健康的重要论述就是这一时代呼声的集中体现。它既继承和发展了马克思主义经典作家关于人的健康的思想，又充分发扬了中华优秀传统文化中关于人的健康的理念。中华文化历来强调健康养生、祛病健身，但要适应现代社会还应当努力实现中医药健康养生文化的创造性转化、创新性发展。树立大卫生、大健康的观念，实现健康的全周期、全人群覆盖，极大地丰富和扩展了健康的内涵和外延。同时，从总体国家安全观的高度，强调"人民健康是国家安全的基石"的重大战略思想；强调在处理人类共同面对的疑难疾病、重大疫情、环境污染、气候变化等问题时，任何一个国家都不能独善其身，需要各国在做好本国人民健康事业的同时，为携手应对问题积极贡献自己的力量，即"凝聚不同民族、不同信仰、不同文化、不同地域人民的共识，共襄构建人类命运共同体的伟业"，进一步把人民健康观上升到人类卫生健康共同体的高度。

2.2 概念的基本特征、生成逻辑与主要类别

在具体地梳理"康养"概念的生成与演化之前，须理解概念的基本

特征、生成逻辑及其分类。以此为基础，才有可能对作为"概念"的"康养"有比较清晰的认识。

人类社会的知识创造以形形色色的理论为表现，理论建构则以概念为基石。"概念是人类思考的出发点"（郭忠华，2020），是社会事实的阶段性总结与凝练，反映客观事物的根本属性（冯晶晶，2022）。语词若固化了特有的意义或明确的指向，并在不断的传播过程中被社会公众或学术共同体所认可，就最终成为"概念"，进而成为知识创造的逻辑起点。同时，在不断的知识创造以及学术交锋中，"概念"所内涵的意义和功能指向亦在发生不断的演变。

概念史关注的即概念的生成、常态或者非连续性、断裂和变化，关注变化的转折点、衔接点、关节点（方维规，2020）。对特定概念之出场、流变及其相关争议的回溯就为理解该项学术生产及知识创造活动提供了重要的窗口、途径与方法。

人类对健康的关注及其实践伴随人类的整个演化历程。但"康养"作为概念化的存在进入产业实践、政策文本和学术研究视野则不过十余年的时间。同时，它还是一个带有鲜明中国特色、体现中国养生文化传统的概念。单就康养领域的知识生产而言，在最近十年间相关文献数量呈现了爆发式的增长，年度发文量已经突破100篇，俨然成为研究的热点议题并带动一个新研究领域的兴起。因此，以研究文本的时序性演变为主线，回溯并梳理十余年来的概念内涵变迁及其与产业实践和政策表达间的双向互动，当可为管窥学术生产、发展实践提供有益的视角。

2.2.1　概念的基本特征

概念作为理论建构的基石，是研究者面对的主要对象。语词要成为概念，必须满足一些关键条件，我们将之归纳为概念的"指向性""规范性""生成性"三个特征。

"指向性"是指概念必须与严格固定的意象相关联。概念的功能首先在于标示意象。在逻辑学中，即指概念须有明确的"内涵"（意象的内容）和"外延"（意象的集合）。只有当概念具有明确指向时，才能为理论建构奠定基础。

"规范性"是指概念的"指向性"已获得学术共同体大多数成员的接受和认可，成为这一共同体"规范认识"的一部分。通俗地讲，当共同体成员在使用这一概念时，无须再附加额外的注释和说明即能准确地传达其意涵，成为一种"默会"的知识共识。同时必须指出的是，概念的规范性并不意味着对概念的真否及其普适性的认证，而仅是对学术共同体建立基本信念的一种同意。屡见不鲜的是，一个为特定学术共同体所广泛认可的概念被其他群体广泛质疑（黄宗智，1993）。但同样不可否认的是，停留在个人甚至是小规模群体中的概念并非真正的概念，因为一旦超出其范围，它便不再能被理解和接受。

"生成性"是指一个被良好界定的概念为建基其上的理论建构提供了可能。研究者能够通过概念本身所内化的逻辑关系为基础进行推理、排列和组合，从而形成特定的"意义"表达。这种意义表达就是我们所说的"知识"或"理论"（郭忠华，2020）。即如梁启超在论述西方社会科学的理论建构时所阐发的："大抵西人之著述，必先就其主题立一界说，下一定义，然后循定义以纵说之，横说之"（徐勇，2019）。梁氏所谓之定义，即为概念。

2.2.2 概念的生成逻辑

郭忠华（2020）认为社会科学中的理论建构遵循"双重阐释"的模式。一方面，专业研究者对普通行动者的日常知识进行专业化阐释和建构（从经验到理论）；另一方面，普通行动者也会对社会科学的专业性知识进行阐释和再建构（基于实践的理论再创新）。从社会科学所具有的"双重阐释"特性出发，郭忠华提炼了社会科学中概念生产的"双重建构"模式，如图 2-1 所示。

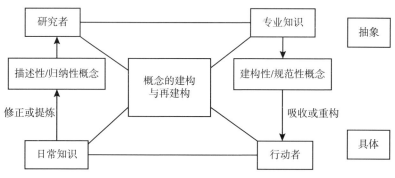

图 2 - 1　社会科学概念的双重建构模式

资料来源：郭忠华. 日常知识与专业知识的互构——社会科学概念的双重建构模式 ［J］. 天津社会科学，2020（1）：55 – 60.

　　第一种模式是知识生产者以普通行动者产生于"周遭世界"中的"日常知识"为基础的概念提炼模式，是一个从具体特殊上升到抽象一般的过程。知识生产者和现实世界的普通行动者面对不同的"世界"。社会科学家所面对的是"共同世界"，普通行动者所面对的则是"周遭世界"。"共同世界"是对"周遭世界"的理性化、抽象化，也可以认为是一个概念化的世界。在"共同世界"中，行动者以类型化的方式出现，表现出人类行为的一般模式。而在"周遭世界"中，他人则是以个性化的方式呈现，追求的是对特定他人的了解。在社会科学中大量存在的描述性概念和归纳性概念多是通过这种模式得以产生。即如毛泽东所指出的："认识从实践始，经过实践得到了理论的认识，还须再回到实践去。"最典型的莫过于美国学者斯科特（James Scott）通过参与式观察，对马来西亚村社广泛存在的，寓于日常生活中无组织、非正式、缺乏明确目标的消极反抗中提炼得出的"弱者的武器"这一概念。虽然作为生活在马来西亚"周遭世界"中的普通农民未必能够理解高度概念化的"弱者的武器"的含义，但无疑地，他们在日常生活中呈现出的集体无意识行动和其背后的"默会"知识的确构成了斯科特"弱者的武器"这一概念的社会根源，并在不同的文化背景、社会场域中不断地上演和展开。在当前的社会科学研究中，"弱者的武器"早已超越产生这一概念的社会背景和文化传统，普遍化为弱势群体反抗的标示性概念。更为直观的例证则如当下被得到广泛讨论的"佛系""躺平"等概念。

第二种模式则遵循大致相反的路径，即行动者以专业化概念为基础的吸收或再建构模式，主要体现为建构性概念和规范性概念的生成模式。构成这一模式的基础在于研究者已经事先提出了一种"建构性"的或"规范性"的抽象概念。建构性概念在大多数情况下已经蕴含着推动事件发展的因果机制或动力；规范性概念则内含着研究者的价值判断。

描述性概念和归纳性概念的核心素材来源于"周遭世界"和"日常生活"，来源于个体的行动实践，而建构性概念和规范性概念则高度依赖于研究者的主观判断、价值取向和理论抽象能力。但这并不意味着建构性概念和规范性概念一经提出便可以获得普遍的认同。建构性概念和规范性概念的生命力既要接受其他研究者的质疑，同时更为重要的是，还要受到行动者接受与否的实践检验。若一种情形是概念能获得行动者的普遍认同，则会将其内化为自身的日常知识（同义转化），即如马克思所指出的"理论一经掌握群众，也会变成物质力量"，另一种情形则是概念在被行动者接收后发生"再建构"，行动者基于自利、规避等目的而曲解或扭曲了由知识精英所建构的概念，改变其内涵，由此产生概念转义（异义转化）。

因此，实际的概念生成或更广义的知识生产，就绝非绝对化的"知识建构社会论"以及与之相反的"知识的社会建构论"所描述单一化路径。概念的形成和变迁是知识生产者与社会行动者、理论与经验、现实与理想之间持续互动、碰撞、折中与妥协的结果。这也提醒我们，在使用或建构概念的过程中必须保持警惕，把概念当作问题或研究假设可能是更为明智的做法，越是抽象的概念越是如此。

2.2.3 概念的主要类别

在 2.2.2 节对概念生成逻辑分析中，其实已经出现了两类主要的概念类别：描述性概念（归纳性概念）和建构性概念（规范性概念）。但这一划分无疑过于粗略了。直观地考察几个常见的概念之例，如经济人、新教伦理，小农、旅游，边际收益、平均成本，弱者的武器、内卷化等，能让我们对概念类别的多样性有更深入的了解。这些概念两两一组，分别成为建构性概念、集群概念、工具性概念和描述性概念的代表。

1. 建构性概念

经济人和新教伦理的概念无疑具有建构性概念的特征，前者是微观经济学最核心的基础性概念，后者则在韦伯的政治学体系中占有同样的位置。这类概念均是高度抽象和绝对化的，是根据一种理论范式十分精确又高度抽象地加以定义的概念，尽管其普遍适用性易于遭受质疑，但这并不妨碍它们构成了更为宏大理论建构的基石，具有明确的理论意涵和具体的应用领域。

"经济人"内在地赋予了所有经济主体同一的决策动机，使处于不同制度背景和经济环境中的个体（消费者和生产者）因共享了"追求效用（利润）最大化"这一共同目标而能对其行为展开分析，成为整个微观经济学理论建构的逻辑起点。正是从"经济人"这一高度抽象的绝对化概念出发，西方经济学在将其分别运用到对消费者和生产者行为的分析时，便得到了"消费者效用最大化"和"生产者利润最大化"的理论推导，进一步地构造了需求曲线和供给曲线，以及二者综合之后的市场均衡的理论结构。微观经济学逻辑自恰的基础全在于"经济人"概念的高度抽象和绝对化。建构性概念所内含的赋予对象性质或进程的规律性含义（假设）使研究者能够以此为据展开更加细致的推理。一个良好界定的建构性概念实际上已经提供了一个抽象理论模型的基础，对它的提炼往往也成为社会科学研究中具有决定性意义的第一步。在这个意义上，建构性概念建构了理论，概念化构成了知识生产的主要机制。

2. 集群概念

上述例子中的小农、旅游则构成了另一种性质的概念。按照李丹

（2008）的分类，它们可归结为"集群概念"，即包含了多种现象（行为、特征）的概念，这些现象共同具有一簇（而非单一）性质中的某一种（或一些），而没有一套核心的基本性质。以小农概念为例，从西欧封建社会条件下的自耕农到近代资本主义社会中的小规模家庭农场，再到中国改革开放后家庭联产承包制下形成的农村家庭，不同区域、不同时代的农业生产单位都包含在了这个概念之内，然而却没有一组充要条件能够精确地界定小农。不同的研究者在使用"小农"这一概念时，其标示的对象是游移而非固定的，它实际上是对众多共享了某一（些）非本质性特征的研究对象的一个粗略概括。因此，研究者难以将针对西欧封建制下小农行为的理论分析迁移至对承包小农的研究。这将不可避免地导致错误归因，或者如李丹（2008）所说，构成一种"具体化的谬误"：即认为所有根据一种既定的抽象概念而变动的现象必定具有一些共同的基本性质。集群概念具有开放的结构和天然的多义性，其内涵的不确定性导致外延的非完备性。这类概念建构性较弱而操作性或技术性较强，便于统计工作的开展和数据的收集与整理。在小农的这个例子中，一个建构性的小农概念需要回答的是"小农是什么"，而作为集群概念的小农概念至多回答了"哪些可算小农"。

3. 工具性概念

边际收益、平均成本则代表了第三种性质的概念，我们将之归纳为工具性概念。与建构型概念构成了知识大厦的基石相反，工具性概念则是在知识体系的建构过程的派生性产物。它被精确定义，具有确定的含义，并且可度量。

4. 描述性概念

例子中的最后两个概念：弱者的武器和内卷构成了我们对概念分类中的最后一种类型，即描述性概念。其基本的特征及生成模式在2.2.2节已有分析，在此不再赘述。

2.3 健康再定义

目前，在理论研究、政策文本与产业实践中，康养与养老、养生、健康等表述（概念）依然存在混同使用的情况，远未达成一个能够获得普遍认同的"康养"概念，对其认识尚处于"混沌期"。前述相关表述（概念）在某种意义上构成了康养概念史的"前史"，其时序演变过程中细微量变日渐累积并最终导致了质变的发生，康养也由此得以出场。

2.3.1 从一维健康观到整体健康观

在前述相互混同的概念中，将康养与健康、养生、养老相混同的情况最为常见。例如，李后强（2015）就认为"康养"主要包含了"健康"和"养生"两个方面，将康养定义为"在特定的外部环境中，通过一系列行为活动和内在修养实现个人身体上和精神上的最佳状态"。但需要指出的是，就健康与康养二者之间的关系而言，存在极大的差异。健康代表的是一种状态，而康养代表的是一系列活动。进入 20 世纪，在自然科学、伦理科学与社会科学进步的推动下，人类对健康的理解日趋丰富，二维健康观（生理、心理）、三维健康观（生理、心理、社会）、四维健康观（生理、心理、社会、道德）、五维健康观（生理、心理、社会、道德和行为或身体、情绪、智力、精神和社会），乃至六维健康观（身体、心理、智力、健康、社会和环境）、七维健康观（身体、心理、心灵、社会适应、道德、智力、职业）均被不同的学者所论及。尽管现代社会对健康的认识已从早期的一维健康观（生理健康，无疾病状态）发展为多维健康观，但健康作为一种对理想的人类生命状况的概括则保持了连续性。通俗的理解为"康"是目的，"养"是手段。因此，二者虽紧密联系，但在含义上却相去霄壤。就康养与养老、养生的关系而言，虽都代表一系列活动，但康养活动的范畴远大于养老与养生，养老与养生实为康养的子集。

人是整体的人，是主体性、能动性的存在。作为整体的人对健康的追求即其发挥主动性和能动性而实现人的自由而全面的发展的过程（体现人的目的性）。如果说从一维健康观到二维健康观（纳入心理维度），再到三维健康观（增加社会维度）代表着健康观念的进步，那么目前更趋细分的划分则在向着割裂人的整体性方向发展。即便以广为接受的世界卫生组织于1989年提出的四维健康观为例，其心理、社会与道德三个维度之间就已存在界限模糊，内容交叉等问题。① 这种缺乏排斥性与独立性的维度划分显然有悖对健康科学认知的严谨性。其后再纳入情绪、智力、职业等更多维度划分的健康观尽管从分析层面有其合理性，但从概念层次看则更趋碎片化，人也成为割裂的人而非整体的人。从人的整体性和人的目的性出发，对健康概念的再定义就有其必然性。

从整体的人出发，新的健康概念必须体现"完整的人"这一健康哲学。人的生命历程在"宇宙"中展开。"四方上下曰宇""古往今来曰宙"，宇宙即时空，即世界。在这个意义上，生命在时间和空间两个维度上展开。

从时间维度看，健康意味着实现完整生命历程的动态平衡，并尽可能地延长生命的长度，主要体现人的生物学（自然）属性，表现为人体的结构完整和生理机能的正常，对应生物科学和生物健康的维度。

空间维度又可进一步地分为外在的社会空间和内在的自我空间，即

---

① 1948年世界卫生组织（World Health Organization，WHO）诞生时，为给自己正名，曾经下过一个"健康（health）"的定义，即"Health is a state of complete physical，mental and social well – being and not merely the absence of disease or infirmity"。此定义在WHO网站上表述为："健康不仅为疾病或羸弱之消除，而系体格、精神与社会之完全健康状态"。但是，在国内的中文网站上还盛传一些可能产生误导的"健康"定义，例如，有的把Social Well – being单独翻译成"社会适应"，有的在定义中加了"道德健康"，不一而足。在WHO网站上搜寻，并没有找到上述说法的出处，却看到了这样的声明：本定义的文献资料出处为1946年6月19日至7月22日在纽约召开的国际卫生会议通过、61个国家代于1946年7月22日签署（《世界卫生组织正式记录》第2号第100页）并于1948年4月7日生效的世界卫生组织《组织法》的序言。自1948年以来，该定义未经修订。

康德所谓："位我上者，灿烂星空；驻我心者，道德律令。"① 对社会空间，我们对之作广义的理解，既包括单向度的自然环境，也包括多向度的政治、经济与人文等社会环境，还包括个体之间交往和交互环境。从社会空间维度看，健康意味着人与整体环境间建立和谐有序的关系，以尽可能地扩展生命在社会空间中的自由度，主要体现人的社会属性，表现为良好的社会适应、环境适应、文化认同、竞争与合作等能力。从自我空间的角度看，健康意味着高度的自我认同、自我调适、自我管理能力。胡叔宝（2005）根据个人与自我、他人和自然界的关系，将自由分为内在自由、共在自由与自然主义自由三种。内在自由即精神性的自由。中国传统哲学思考的原点也是内在自由，其与西方哲学内在自由的主要差异在于前者偏重道德与情感，后者更多诉诸理性精神，主要体现人的精神/道德属性。

由此，可以将健康的本质定义为，作为整体的人在其生命历程展开过程中所呈现的身体、精神与社会参与时具有的良好状态（杜本峰，2019）。

2.3.2　整体健康观的基本特征

1. 统一性

整体健康观首要的特征，在于突出健康在身（人—身）、心（人—我）、性（人—人）三个层面的统一性。把整体的人作为健康建设的出发点，通过其主动性和能动性而导向作为目的的人。这种整体性，在时间维度上涵盖人从孕、婴、幼、少、青、壮、老的整个生命周期，以求达

---

① 语出康德《纯理性批判》，通常直译为"有两样事物使我心中不断充满惊奇和畏惧：在我头上繁星密布的苍穹和在我心中的道德法则"。其后李泽厚在《浮生论学》中引用这段话时翻译为"位我上者，灿烂星空；道德律令，在我心中"。我们对李泽厚这一深具中国韵味的翻译略作调整，使其更符中文韵律之美。

成整个生命历程的动态平衡；在空间维度上把自我空间和社会空间一体考量、一体关照，是身与心统一、心与性一体，知与行合一的理想状态。

2. 容缺性

整体健康观的本质特征之二是健康的容缺性。整体健康观从概念属性上是描述性的，是研究者对普通行动者的"默会"知识进行专业化阐释抽象的结果。在"共同世界"中，作为整体的人是一种类型化的存在，对健康的定义是一种普遍性抽象化的表达。但在"周遭世界"中，类型化的人还原为个性化的人。人各有差，个体在生物学意义的差异本就极大，在心智道德层面的差异则更加细微难察。因此，并不存在绝对客观的可量化的健康评判标准。在健康与不健康之间存在巨大的灰色中间地带，大多数个体就身处其中，即健康总是有缺失的，并非完美的。

3. 动态性

整体健康观的本质特征之三是健康的动态性。最为常见的情形就是特体的健康状况在不同的生命周期中具有不同的状况。随着个体年龄的增长，健康人力资本呈现出先上升后下降的趋势，即健康人力资本呈现倒 U 型的特征。此外，广阔中间地带的存在为开展健康建设提供了空间。一个生物学意义上的健康机体，可能因为工作压力、情绪紧张等原因而暂时恶化其精神健康状况。美国国立卫生研究院 2011 年的一项研究结果就显示，医学无法解释的躯体症状（medically unexplained physical symptoms，MUPS）患者的医疗支出是有明确诊断患者的 2 倍，其中仅有 26% 的 MUPS 患者有明确的生物学原因（杜本峰，2019）。相反地，一个患有先天性疾病或残障的个体，虽然不能说其处于完全健康状态，但却可能因为拥有豁达乐观的心态而幸福生活。因此整体健康观强调健康的动态性，更加注重处于特定健康状态的个体健康的发展趋势，从而为人的主动性、能动性发挥提供了可能。当人找到自己能动的意义时，健康就由被动态转变为主动态的积极健康，进而在身体与精神意识的交融中找到整体健康的最适值（王立杰，2022）。

4. 俱分进化性

整体健康观的本质特征之四是健康的俱分进化性。"俱分进化"原为章太炎关于社会历史进化的理论，意指社会矛盾两方对立发展的不可避免性，所谓"若以道德言，则善亦进化，恶亦进化；若以生计言，则乐亦进化，苦亦进化。双方并进，如影之随形，如罔两之逐景"。我们借用其意，用以指代影响健康的正反两方面因素的不断转换和替代，从而使人类对健康的追求成为一个无止境的过程。在人类社会发展的大多数时期，普遍的物质短缺、恶劣的医疗卫生条件和高强度的劳作是影响健康的主要因素；在近代早期，急性传染病的肆虐与疫苗的缺失则成为健康的最大威胁；随着现代医疗技术的发展和疫苗接种的普及，急性传染病对健康的威胁已经大幅下降。在现代医学条件下，人均预期寿命不断增长，慢性病发病率持续走高，"996""007"等高强度的工作压力和精神紧张状态，诱发中青年群体普遍处于亚健康的"新常态"。物质的丰裕、生产力的发展与技术的进步在解决既有的健康问题的同时，也成为产生健康新问题的根源。影响健康的新的生物、社会与制度因素不断出现，也使人类对健康的追求成为永无止境的过程。

2.4　从"健康"到"康养"

本书将健康定义为作为整体的人在身、心、性三个层面所具有的一种良好状态，而康养就是为追求身、心、性处于良好状态而采取的一系列活动的总和。其核心功能在于尽量延迟生命的长度、自由度和丰度。何莽（2019）也曾用长度、丰度与自由度来表达生命的三个维度。其中的长度和丰度与本书的界定相同，但自由度在何莽的论述中由国际上用以描述生命质量高低的指标体系来衡量，我们则将自由度界定为人在社会空间健康程度的标度，避免了不同维度、不同属性之间的交叉和重叠。在于协调个体与自我、个体与他人、个体与社会及环境的关系，以实现内在自由、共在自由和自然主义自由的统一。就康养的含义，在《新华字典》里"康"是"健康"和"安宁"之意。"健康"主要指康复、康泰、康健和无病。"安宁"主要指康宁、康平与康乐。"养"的意思是"培养""抚养""使身心得到休息和滋补"即养精蓄锐、休养、营养、养性、养心、养病之意。因此，康养就是保持、恢复和维持身心健康的过程与活动的总称。而康养行为是一个具有包容性的概念，它既可以是休闲、调理、减脂等具有短暂性、单一性、针对性的医疗和健康行为，也可以是一种体系性、持续性的行为活动。从马斯洛需求层次理论出发，可将康养分为六个层次即养身（身体）、养眼（观光）、养性（性情）、养心（心理）、养德（品德）、养智（智慧）；从传统中国文化出发，可将康养分为治未病、治欲病、治已病；从现代医学视角出发，康养可分为生态养生、运动养生、饮食养生、药物养生四个层次。"康"之状态的多维性，决定了"养"之行为的多样性。

从学术界到产业界，从生命学到行为学对康养均有着不同的解读。学术界将康养解读为养生和健康的集合，其重点在于生命养护上，是从养生和健康视角来理解康养的内容。而产业界更倾向将康养等同于健康与养老的统称。行为学将"康"看作目的，将"养"作为手段，它既可以是单一性、短期性行为，也可以是系统性、连续性行为。在理解康养概念时，应注意把握以下特征。

（1）康养覆盖全人群全生命周期，而非限定于特定群体或特定阶段。当前在产业实践和理论研究中，关注的重点人群主要集中在老年群体和亚健康群体。但从前述分析中已经可以发现，每个个体从孕育到青少年，到壮年再到老年的各个生命阶段均存在对康养活动的需求；从比较健康到亚健康再到病患乃至需要临终关怀的群体，也都在康养活动的覆盖范围之内。差别仅在于，对于不同的健康状态和生命阶段而言，其对康养需求的强度和类型存在差异。

（2）康养具有自益性和公益性双重属性。所谓自益性，是指个人（或家庭）是自己（或家庭成员）健康的第一责任人和最终受益人。因此，除非个体不具有或丧失健康建设能力，否则不能将这一责任推卸给社会或政府。通俗地讲，"健康首先是自己的事"。所谓公益性，原因在于健康具有正外部性（或非健康具有的负外部性），在现代社会已属于基本人权范畴。因此，当个人无力维持自己的基本健康时，社会负有为公民健康兜底的公共职责。通俗地讲，"健康是政府不能不管的事"。即现代国家负有保障人民健康的社会责任（金碚，2019）。

（3）康养具有非市场化和市场化的多种供给来源。非市场化的供给途径主要有四类。一是个人（或家庭）提供的自持性、日常性活动，如保持良好的作息规律，持续坚持的日常锻炼，家庭养老等。二是政府提供的公共产品（或准公共产品），如对于流行病和公共卫生危机的治理和基本疫苗接种等服务。三是带有互助和共济性质的康养产品或服务。我国具有悠久的邻里互助传统和强大的基层动员组织能力，许多健康问题，都可能通过互助性生产和供应方式来解决，如在社区或乡村开展的邻里照护、志愿服务等在解决高龄老人、失能群体等方面的作用正在显现，具有很大的发展潜力。四是福利性供给方式。个体（家庭）、政府和社会组织构成了非市场化康养产品和服务的供给主体。后面三类供给行为可归为"健康事业"的范畴。"健康事业"主要由政府和社会组织主办，以提升国民健康素质、健康意识和满足特殊群体的基本健康需求为目标，不以盈利为目标，所提供的产品和服务具有公共产品或混合物品的性质。市场化供给的主体是营利性企业。这些企业以追求利润为目标，在市场环境中运行，满足市场化条件下社会对于康养产品和服务多样化的需求。面向市场提供康养产品和服务的众多企业构成了康养产业的市场主体。

2.5 从"康养"到"康养产业"

产业这一概念虽然已被广泛使用，但其含义依然变动不居，常因研究对象的差异而具有很大的差异。在较早时期的中文语境中,产业一般同工业、部门、行业等概念等同,多指代实体经济的某一部门。在英文语境中,industry 的含义更丰富,除特指工业外,还用于泛指国民经济中的任何行业,大到部门,小到行业,既指物质生产部门,又涵盖物流与销售等服务部门,甚至教育、科技、文化、医疗等在中文语境中被归为"事业"范畴的部门。

那么,究竟何为产业?在 20 世纪 80 年代,国内引进产业经济学之初,杨治(1985)指出,产业是作为一个"集合概念",是具有某种同一属性的企业的集合,又是国民经济以某一标准划分的部分。然而"同一属性"或"某一标准"本身是模糊的。后续的研究则主要从供给或需求的角度深化其内涵。从供给角度对产业所做的定义,强调同一产业在生产函数、生产工艺和流程等方面的同质性;从需求角度对产业所做的定义则更强调产品或服务对同质性需求的满足。显然,这两个定义所关注的重点是有差异的,并互为补充。由此,也有了以二者为基础所得出的一般性产业概念:具有相同或相近的产出方式和相同或相近的产出结果的同质性经济活动。按照这一定义,则特定产业所对应的经济活动(生产和消费)就应是明确和清晰的。如汽车产业对应的必然是各类汽车的生产和销售活动,而不可能涵盖家电产业的生产和销售活动。然而"康养产业"的边界在哪里?国家统计局与国家发展改革委、国家卫生健康委如此定义"健康产业"——一个相近,甚至完全可以替代康养产业的概念:"以医疗卫生和生物技术、生命科学为基础,以维护、改善和促进人民群众健康为目的,为社会公众提供与健康直接或密切相关的产品(货物和服务)的生产活动集合"。这一定义最值得关注的地方在于其突出的"需求导向"或"消费导向"而非"技术导向"或"生产导向"。这一定义导向的转换具有深刻的意涵:如此众多互不统摄的行业之所以能被归到"康养产业"这一大的概念范畴之下,原因在于这些从供给(生产)层面具有巨大异质性的,分属不同行业的产品和服务,如果换一个角度从需求层面看,则具有了同一的特征,即都为了满足人的健康需要。

生产和消费构成了社会经济活动的两极。生产遵循的是工具理性，追求利润最大化的单一目标；消费则关联着多层级的心理效用、多领域的依存互动与多维度的评判标准（曹国新，2007），遵循的是价值理性。价值理性主导的消费观在看待同一康养产品或服务之价值时就不是如同工具理性主导的生产观那样明确或"理性"，而是将其与自身的消费背景和健康需要融合在一起进行感性的和整体性的判断，从而也就超越了单一产品或服务的边界。

事实上我们更倾向于认同以下一种判断：康养产业在 21 世纪早期能够作为一个"新兴"产业出场，正是源于恰在这个阶段，中国居民旺盛的健康需求开始集中爆发并被企业和地方政府敏锐地捕捉到，企业从扩大自身的业务范围、占据更大市场份额、获取更多消费客源等动机出发，提出了诸多包含"康养""健康"等字眼的"新业态""新模式""新产品"乃至"新经济"；地方政府则试图在中国经济处于"三期叠加"，经济发展进入"新常态"的关键时点，为区域经济发展寻找新的经济增长点所激励。在这个意义上，早期出场的"康养产业"，作为学术概念的属性实际上要远远低于其作为"商业噱头"和"宣传话语"的属性，它所出现的场景也更多的是广告宣传材料、商业论坛而非学术期刊。至于"康养产业"究竟算不算是一种"新兴产业"，在何种意义上能算是"新兴产业"，早期产业实践和政策话语无意回答，而理论研究则尚未展开。

因此，作为一个在产业发展和政策实践中产生并为其所推动的实践性概念，学术界对于"康养产业"的界定依然是以高度混杂为特征。"康养"及"康养产业"，虽然在政策文本、产业实践和学术研究中被广泛提及，但其本身并无确切的内涵和清晰的边界。部分学者坚持，在学理上清晰地界定"康养产业"概念的内涵是推进该领域研究的逻辑起点，并为此展开了一系列的探讨（秦祖智和宗莉，2019；房红和张旭辉，2020），试图通过构建一个能为学界广泛接受的"普遍共识"作为摆脱当前理论基础缺失与学术对话不畅困境的前提。然而，这似乎是一种希望渺茫的学术冒险。其原因在于，作为学理基础的学术概念通常要求满足

"理想性概念"或"理论建构性概念"的特质，而"康养"或"康养产业"在事实上则是一个"集群概念"。作为"集群概念"的康养产业，就内涵而言是模糊的，或至少是难以定量描述的；就外延而言，则保持了极大的开放性和多样性。它不符合传统产业经济学对"产业"的惯常定义，也超出了单一产业链的范畴，毋宁说"康养产业"乃是一个以满足人民健康需要为目的的产业体系，具有"集群概念"的特征。具体而言，凡服务于人民群众健康建设、健康维持和健康修复的相关产业均包含在内，覆盖全人群、全生命周期，一二三产业的多个行业领域。

因此，我们在现有的政策文本和学术文献中所看到的关于康养产业及与之高度相关概念通常采用的都是列举的方式或者按照"行动＋目的"的话语结构来展开。以下即其代表。

王赵（2009）：康养旅游即健康旅游、养生旅游，是一种建立在自然生态环境、人文环境、文化环境基础上，结合观赏、休闲、康体、游乐等形式，以达到延年益寿、强身健体、修身养性、医疗、复健等目的的旅游活动。从语义结构分析，此定义中的"康养"实为"旅游"的修饰，其实质为一种达到特殊目的专项旅游方式，表达的重点在旅游而非康养，包含着康养附属于旅游的判断。

国家统计局（2014）：发布《健康服务业分类（试行）》，将"健康服务业"定义为"以维护和促进人类身心健康为目标的各种服务活动"。同时也包括2019年国家统计局与国家发展改革委、国家卫生健康委联合发布的《健康产业统计分类（2019）》中扩展的健康产业分类标准。

2014年，首届中国阳光康养产业发展论坛第一次提出"康养产业"这一新名词，意指"健康与养老服务产业""包含健身养生业、旅游休闲业等相关产业，是现代服务业的重要组成部分"。

任宣羽（2016）：康养旅游是以良好的物候条件为基础，以旅游的形式促进游客身心健康，增强游客快乐，达到幸福为目的的专项度假旅游。

房红和张旭辉（2020）：指与人的身心健康相关的产业体系，包括对健康人群创造和维持健康、对亚健康人群恢复健康以及对患病人群的修复健康，其产业链覆盖全人群、全生命周期，涉及范畴非常广泛，涵盖一二三产业的相关内容。

因此，当我们分别从当前学术研究和行业实践两个层面对康养产业的定义进行考察时，其"集群概念"的性质便显露无遗。

在学术研究中，任宣羽（2016）、何莽（2018）、房红和张旭辉（2020）的研究较有代表性。任宣羽（2016）认为康养仅作为旅游的限定词而出现，是一种以旅游为载体，以促进身心健康，增强快乐，达到幸福为目的的专项度假旅游，重点在旅游而非康养，内含着康养附属于旅游的判断。何莽则将"康养"定义为"对生命的'长度''丰度'和'自由度'三位一体的拓展过程，是结合外部环境改善人的'身''心''神'，并使其不断趋于最佳状态的行为"，进而认为"健康""养生""养老"构成了康养的三个维度。至此，康养已从一种特殊性质的旅游活动扩展为一种外延更为宽泛的"自益性"活动（金碚，2019）。

然而即便仅做望文生义的理解，也不难发现养生与养老之间的部分重叠关系，养生和养老与健康之间的行动—目的映射关系，三者之间又如何构成"三个维度"？房红和张旭辉（2020）进一步从大健康观的全人群、全周期、全方位视角出发，界定"康养产业"的研究范畴。他们一方面正确地指出，"将'康养产业'理解为包含了'健康'和'养生'两个方面或者'健康''养生''养老'三个方面就是有失恰当的"，但在其后的分析中，却又认为："'康养产业'的范畴包括'大健康产业'和'养老产业'两部分"。这一结论实与其之前的分析存在内在的矛盾。之所以得出这一结论，估计主要是对比分析了《健康产业统计分类（2019）》和《养老产业统计分类（2020）》两个标准，发现二者之间虽有很大部分的重合，但更多地又互为补充。因此也就导致从对概念内涵的界定后退到变为对康养产业研究范畴的界定，事实上已经表明了要建立具有学理基础的理想型康养产业概念所面临的巨大挑战。

在产业实践、行业标准和政策表述层面，亦存在类似的情形。在

2014年于攀枝花举办的首届中国阳光康养产业发展论坛上，"康养产业"这一新名词问世，意指"健康与养老服务产业"，其范围被框定于"服务业"之内，并在其后数年间成为引发政产学各界高度关注的热词。众多城市纷纷提出要打造各种类别的康养旅游胜地和康养产业强市。各种"康养+"概念也层出不穷，如攀枝花市提出的"康养+农业""康养+制造""康养+文旅""康养+运动""康养+医疗"五个"康养+"发展计划。如果说在学术研究中对康养或康养产业尚存在"模糊共识"，那么在产业发展层面愈演愈烈的"康养+"造势中，这一"模糊共识"也愈加模糊了。从构词角度分析，前述五个"康养+"中的"康养"是指向"康养"还是"康养产业"是极不明确的。如果指向的是"康养"，则带有明确的目的导向。"康养+农业"庶几可理解为与促进健康这一目的密切相关的农业子产业，"康养+制造"也可做类似的解读。然而，如何理解"康养+医疗"？医疗难道不是始终占据了健康维持和健康修复中最核心的部分吗，二者的边界是如何划分的？

与之相伴随的则是康养产业的范围逐步扩大。在国家层面，2013年国务院印发《关于促进健康服务业发展的若干意见》，2014年国家统计局印发《健康服务业分类（试行）》，均将重心放在服务业内。2019年国家统计局、国家发展改革委、卫生健康委三部委联合发布《健康产业统计分类（2019）》，健康服务业转而扩容为健康产业，成为涵盖三大产业13个大类，58个中类，92个小类的庞大产业合集。分类办法意图为"科学界定健康产业的统计范围，准确反映健康产业发展状况"提供标准，但在分类说明中又特别强调了前述以国民经济行业分类为基础所划定的产业范围中，大部分的产业仅部分活动属于健康产业。但这"部分"的权重如何确定，是否定期动态调整等均未明确，事实上也无法做到明确。在部分地方出台（如攀枝花市、秦皇岛市）的康养产业监测体系中也存在类似的情况。由此，精确界定统计范围，准确反映产业发展状况的目标也就殊难达成。这一判断并非否定制定分类及开展相关统计工作的意义，在同一分类体系和标准的指引下至少对于反映产业发展的趋势提供了相对客观的参照。

可以预期的是，伴随产业体系的进一步演进和研究的深入，会有越来越多的对象被纳入或被剔除康养产业的范畴内，但想要达成一个具有理论建构性质的"康养"或"康养产业"概念无疑是一种奢望。然而，如果我们的主要目的是以解决实际问题为导向的应用和对策研究，那么这种基础概念的缺失未必就是致命的。相反，一种建立在"模糊共识"基础上的，更具动态性、开放性和包容性的集群概念反倒更有可能促进多向度、跨学科的交叉融合。

因此，相对于部分学者执着于定义一个具有学理基础的严密的"康养"或"康养产业"，并试图为这一领域建立牢固的分析基础不同，本书更为关注的是，是哪些因素促成了"康养"及"康养产业"在 21 世纪的产业实践中兴起，进而引发全国各地的竞相效仿，并迅速获得政府政策层面的积极回应？这些因素在近十年的产业和政策实践中发生了怎样的变化，其对整个产业的发展前景施加了何种影响。

第3章　人口结构变迁与康养
需求的扩张

在有关新产业成长发展规律的研究中，主要有技术创新驱动、市场需求拉动及创新与需求综合影响三种模式（赵玉林和王春珠，2017）。居于主流的"技术创新驱动"假说遵循熊彼特传统，强调技术创新在促成新兴产业成长发展中的关键性作用，并依据技术创新性质上的差异区分了两种主要的生成模式（李丫丫等，2016）。一种以原始（突破性）技术创新为基础，遵循从科学到技术到产品的创新路径，创造全新的产品，催生新的市场需求，典型者如转基因产业、纳米产业。在这一路径之下，因革命性的知识发现而产生的突破性技术变革促成了全新产品的诞生。这种新的产品一旦获得消费者的广泛认同而产生巨大的市场需求，创造新的消费领域，就将催生出新的产业。另一种以累积性技术创新为基础，或从传统产业中分化裂变出新产业，或从传统产业的交叉地带通过技术融合催生新产业，典型者如电动汽车产业、智能手机产业。

与"技术创新驱动"相对应的"市场需求拉动"假说则更强调市场需求对创新活动的引导和制约，正是庞大的市场需求刺激了对新产品新技术的创新需求（孙军，2008）。有限的市场空间无法对创新投入形成激励，也就难以转化为现实的创新能力。厄特拜克（1999）的实证研究结果支持了这一研究假设，研究表明60%～80%的重要创新都是受需求拉动而产生与扩张的。综合作用说则强调技术创新和市场需求的复合影响。

从这一理论演化的学理脉络中不难发现，市场需求因素在催生新兴产业成长中的作用经历了一个逐渐强化和内生化的过程。在早期的研究中，市场规模的大小仅视为促进分工深化的外部条件，其后需求与分工相互促进，再到当前越来越多的研究者将市场需求视作产业创新的重要来源。需求与产业分工之间的推动由单向关系变为双向互动，由间接关联变为直接驱动（黄阳华和吕铁，2013）。更进一步地，如果考虑到原始性技术创新（技术革命）总是以蜂聚的形式出现（卡萝塔·佩蕾丝，2007），那么在其后依托此种技术创新而形成的"发展的巨潮"更多的是由市场需求拉动下的产品创新、工艺创新和商业模式创新而推动。

以前述分析为基础，再结合我国康养产业发展的实际情况便不难发现，尽管康养产业各子产业快速实现与信息技术、生物技术、先进制造等的技术融合，但从产业整体来看却并非由突破性的技术革命所推动，而更多的通过对信息技术的融合和内嵌实现对传统商业模式、经营业态和组织结构的更新迭代。康养产业的产生更多是多个相对传统的产业和不同的区域经济体在利润创造能力减弱和经济增长乏力的现实约束下，试图抓住不断展现巨大潜力的健康市场需求所进行的一次"概念升级"或"概念包装"。其中最为关键的是，在 2000—2020 年推动康养产业作为一个整体出场的需求市场扩张——主要由中国极速的人口结构转型和消费结构升级所推动——在第三个十年里愈加强化并将长期持续。

3.1　中国的人口结构变迁

3.1.1　中国的人口转变

人口问题始终是国民经济和社会发展中最具基本性、关键性、长远性和全局性的问题。而我国巨大的人口规模和在人类历史上所经历的变化最为迅捷的人口转变，更使这一问题变得更加的复杂和紧迫。人口转变是人口学的基础理论，自 20 世纪 30 年代提出以来已被各国的人口发展经验广泛证实。人口转变实质上是对人口再生产模式的转换。该理论认为，人口再生产会经历由"高出生率、高死亡率、高自然增长率"为特征的原始发展模式，转入"高出生率、低死亡率、高自然增长率"的传统发展模式，再过渡到以"低出生率、低死亡率、低自然增长率"为特征的现代发展模式。当一个经济体的总和生育率基本与更替水平（维持人口平衡所需要的总和生育率水平）持平时，即标志着基本完成了人口转变，人口规模也将大致保持稳定。但现实是，绝大多数已完成人口转变的国家生育率下降的趋势并没有如经典人口转变理论所预期的那样在更替水平附近保持稳定，而是出现了进一步地跌入"低生育率陷阱"（吴帆，2019）。

传统的人口转变理论较好地解释了最近数百年人类人口发展的总体趋势。但从人口转变所经历的时间而言，不同国家和地区却具有极大的差异。西欧的人口转变过程开始于 18 世纪中期，持续了约 150 年。在东南亚，人口转变过程则迅速得多，只用了 50～70 年的时间。我国由于特殊的政策环境，人口发展过程中的政策效应表现得极为明显，其后果就是，实现人口转变的时间进一步缩短。从 20 世纪 50 年代至 60 年代由高出生、高死亡、高增长转变到高出生、低死亡、高增长后仅仅 30 年左右的时间，便再次过渡到 20 世纪 90 年代以来的低出生率、低死亡率、低增长率（蒋南平和李博，2012）。

表 3-1 的数据清晰地反映了这一变化历程。从新中国成立后到 20 世纪 80 年代末期，人口平均增长率为 19.5‰，人口数量从 1949 年的 5.4 亿迅速增加到 1980 年的 9.9 亿。进入 80 年代之后，计划生育政策执行力度大幅加强，人口增长速度迅速下降，90 年代前期尽管有缓慢的上升，但到了 20 世纪末便再次下降到 9‰左右。常用的区分人口高增长和低增长的标准是 15‰，以此标准衡量，我国在 20 世纪 80 年代就已经进入人口低增长国家序列，尽管因为庞大的人口规模，每年新增人口规模依然可观。进入 21 世纪的第一个十年之后，人口自然增长率进一步下降到 5‰。尽管从 2013 年开始实施"单独二孩政策"，2015 年开始实施"全面二孩政策"，

表 3－1　　　　　中国历年人口出生率、死亡率、自然增长率　　　单位:‰

年度	出生率	死亡率	自然增长率	年度	出生率	死亡率	自然增长率	年度	出生率	死亡率	自然增长率
1949	36.00	20.00	16.00	1974	24.95	7.38	17.57	1999	14.64	6.46	8.18
1950	37.00	18.00	19.00	1975	23.13	7.36	15.77	2000	14.03	6.45	7.58
1951	37.80	17.80	20.00	1976	20.01	7.29	12.72	2001	13.38	6.43	6.95
1952	37.00	17.00	20.00	1977	19.03	6.91	12.12	2002	12.86	6.41	6.45
1953	37.00	14.00	23.00	1978	18.25	6.25	12.00	2003	12.41	6.40	6.01
1954	37.97	13.18	24.79	1979	17.82	6.21	11.61	2004	12.29	6.42	5.87
1955	32.60	12.28	20.32	1980	18.21	6.34	11.87	2005	12.40	6.51	5.89
1956	31.90	11.40	20.50	1981	20.91	6.36	14.55	2006	12.09	6.81	5.28
1957	34.03	10.80	23.23	1982	22.28	6.60	15.68	2007	12.10	6.93	5.17
1958	29.22	11.98	17.24	1983	20.19	6.90	13.29	2008	12.14	7.06	5.08
1959	24.78	14.59	10.19	1984	19.90	6.82	13.08	2009	11.95	7.08	4.87
1960	20.86	25.43	-4.57	1985	21.04	6.78	14.26	2010	11.90	7.11	4.79
1961	18.13	14.33	3.80	1986	22.43	6.86	15.57	2011	13.27	7.14	6.13
1962	37.22	10.08	27.14	1987	23.33	6.72	16.61	2012	14.57	7.13	7.43
1963	43.60	10.10	33.50	1988	22.37	6.64	15.73	2013	13.03	7.13	5.90
1964	39.34	11.56	27.78	1989	21.58	6.54	15.04	2014	13.83	7.12	6.71
1965	38.00	9.50	28.50	1990	21.06	6.67	14.39	2015	11.99	7.07	4.93
1966	35.21	8.87	26.34	1991	19.68	6.70	12.98	2016	13.57	7.04	6.53
1967	34.12	8.47	25.65	1992	18.24	6.64	11.60	2017	12.64	7.06	5.58
1968	35.75	8.25	27.50	1993	18.09	6.64	11.45	2018	10.86	7.08	3.78
1969	34.25	8.06	26.19	1994	17.70	6.49	11.21	2019	10.41	7.09	3.32
1970	33.59	7.64	25.95	1995	17.12	6.57	10.55	2020	8.52	7.07	1.45
1971	30.74	7.34	23.40	1996	16.98	6.56	10.42	2021	7.52	7.18	0.34
1972	29.92	7.65	22.27	1997	16.57	6.51	10.06	2022	6.77	7.37	-0.60
1973	28.07	7.08	20.99	1998	15.64	6.50	9.14				

资料来源：国家统计局。

但其政策效应在很短的时间内就释放完毕。2014 年人口自然增长率上升到 6.71‰，2015 年就快速下降到 4.93‰，2016 年小幅回升到 6.53‰，其后便持续下降。2021 年放开"三孩政策"，但当前人口自然增长率仅为 0.34‰，2022 年进一步由正转负，增长率为 − 0.60‰。这也很可能是中国在几千年经济社会发展常态化背景（未发生战争、饥荒、天灾）下出现的首次人口负增长，其历史意义不容小觑。

反映人口变化的另一个重要指标是总和生育率。从现有世界各国的人口发展规律来看，当一个国家或地区的总和生育率下降到更替水平以下后，想要重新恢复到更替水平之上的难度极大。以日本为例，其总和生育率于 1973 年首次下降到 2.1 以下，1994 年又进一步跌破 1.5（人口学研究中，通常把总和生育率低于 1.5 视为进入"低生育率陷阱"的关键性指标）。此后尽管政府采取多种措施鼓励生育，但不要说恢复到更替水平之上，甚至没有回到过 1.5 以上的记录。"少子高龄化"成为困扰日本社会几十年的世纪难题。同为东亚国家的韩国情况也类似，但所用的时间更短，下降幅度更大。1983 年韩国总和生育率跌破 2.1，仅用了 15 年便于 1997 年跌破 1.5，2022 年则仅有 0.78，成为经合组织成员国中唯一低于 1 的国家。

不管是从人口转变的时间还是总和生育率的变化趋势看，我国所面临的人口问题都更为严峻。根据国务院发展研究中心课题组（2022）的一项研究，我国总和生育率在 1966 年达到 6.38 的峰值。1971 年开始推行计划生育政策，总和生育率便进入快速下降通道。用了 20 年的时间，从 1971 年的 5.4 降至 1991 年的 2.14，已基本与更替水平持平。1999 年进一步下降到 1.59，此后虽小幅回升，但从未高于更替水平。2011 年，也就是生育政策开始加速放宽的当年，总和生育率为 1.63。此后在生育政策放宽的激励下，2019 年回升到 1.7。但限制性生育政策积压的生育需求在极短的时间内释放完毕，其后，总和生育率迎来了更加快速的回落，2020 年第七次全国人口普查显示的总和生育率仅为 1.3。同时，分地区看，北京、上海、天津三个直辖市、东北三省的总和生育率均低于 1，15 个省（自治区、直辖市）低于全国平均水平；分城乡看，城市为 1.11，镇为 1.40，乡村为 1.54。从全球比较来看，我国总和生育率处于峰值时的人均收入水平与全球总和生育率达到峰值时的人均收入水平持平，但我国在总和生育率下降到更替水平时的人均收入水平则不仅远远低于高收入国家，也低于中等偏上收入国家的水平。

在过去的 20 多年间关于我国生育水平的估计始终是一个充满争议的话题，部分政府部门和绝大多数研究者对 1992 年及其之后的历次人口普查和抽样调查的总和生育率结果均持怀疑态度，坚持认为调查数据受出生瞒报和漏报的影响而被过低估计（王广州和胡耀岭，2022），但我国总和生育率持续走低则已基本达成共识。

3.1.2　年龄结构的转变

人口转变所造成的另一个直接影响就是年龄结构的变化。年龄结构的改变又进一步引起诸如老龄化、劳动力规模、抚养比等关键因素的变化。表 3 - 2 简要展示了 1990—2022 年我国人口结构与抚养比的数据。从总体趋势上看，老年抚养比持续加速上升趋势，少儿抚养比在 2011 年之前呈较快的下降趋势，之后开始缓慢上升；二者综合作用的结果，使我国总抚养比呈 U 型变动趋势。在 2010 年触及 34.2% 的谷值之前，出生率的下降构成了总抚养比下降的主要动力，而此之后老龄化的快速上升成为拉动总抚养比上升的主要力量。从现有趋势和相关模型预测结果看，我国未来人口还将延续快速少子化和加速老龄化相互叠加的发展趋势，人口负增长和年龄结构持续老化对我国未来经济社会发展带来的挑战大于机遇（国务院发展研究中心课题组，2022）。

表 3－2　　　　中国历年人口年龄结构与抚养比（1990—2022 年）

年度	年末总人口/万人	0～14 岁人口/万人	15～64 岁人口/万人	65 岁及以上人口/万人	总抚养比/（%）	少儿抚养比/（%）	老年抚养比/（%）
1990	114333	31659	76306	6368	49.80	41.50	8.30
1991	115823	32095	76791	6938	50.80	41.80	9.00
1992	117171	32339	77614	7218	51.00	41.70	9.30
1993	118517	32177	79051	7289	49.90	40.70	9.20
1994	119850	32360	79868	7622	50.10	40.50	9.50
1995	121121	32218	81393	7510	48.80	39.60	9.20
1996	122389	32311	82245	7833	48.80	39.30	9.50
1997	123626	32093	83448	8085	48.10	38.50	9.70
1998	124761	32064	84338	8359	47.90	38.00	9.90
1999	125786	31950	85157	8679	47.70	37.50	10.20
2000	126743	29012	88910	8821	42.60	32.60	9.90
2001	127627	28716	89849	9062	42.00	32.00	10.10
2002	128453	28774	90302	9377	42.20	31.90	10.40
2003	129227	28559	90976	9692	42.00	31.40	10.70
2004	129988	27947	92184	9857	41.00	30.30	10.70
2005	130756	26504	94197	10055	38.80	28.10	10.70
2006	131448	25961	95068	10419	38.30	27.30	11.00
2007	132129	25660	95833	10636	37.90	26.80	11.10
2008	132802	25166	96680	10956	37.40	26.00	11.30
2009	133450	24659	97484	11307	36.90	25.30	11.60
2010	134091	22259	99938	11894	34.20	22.30	11.90
2011	134916	22261	100378	12277	34.40	22.10	12.30
2012	135922	22427	100718	12777	34.90	22.20	12.70
2013	136726	22423	101041	13262	35.30	22.20	13.10
2014	137646	22712	101032	13902	36.20	22.50	13.70
2015	138326	22824	100978	14524	37.00	22.60	14.30
2016	139232	23252	100943	15037	37.90	22.90	15.00
2017	140011	23522	100528	15961	39.30	23.40	15.90

年度	年末总人口/万人	0~14 岁人口/万人	15~64 岁人口/万人	65 岁及以上人口/万人	总抚养比/(%)	少儿抚养比/(%)	老年抚养比/(%)
2018	140541	23751	100065	16724	40.40	23.70	16.80
2019	141008	23689	99552	17767	41.50	23.80	17.80
2020	141212	25277	96871	19064	45.90	26.20	19.70
2021	141260	24678	96526	20056	46.30	25.60	20.80
2022	141175	23859	96281	21035	46.60	24.80	21.80

资料来源：国家统计局。

3.2　从人口转变到家庭转变

人口规模及其结构变迁对经济发展的显著性影响既为经济理论所深刻揭示，也得到了经济发展史的实践证明。在理论分析中，低水平均衡增长陷阱、人口红利理论和长期停滞理论分别分析了人口增长及其结构性转变在不同阶段对经济发展所施加的正负两方面的关键性影响。在农业文明时代，人口的过快增长消耗了社会增量财富的全部或绝大部分，导致经济社会发展陷入低水平均衡增长陷阱而难以逃脱。在这个漫长的时期，人口增长与经济社会发展均呈现周期性波动的缓慢演化特征，并常常因为严重的天灾与人祸而大幅度地倒退。当步入工业社会，工业革命所带来的生产力进步首先帮助少数率先进入工业化阶段的国家摆脱了低水平均衡陷阱，进而次第向其他国家和地区展开，全球人口发展进入总体沿着倒 U 型曲线发展的新阶段。在这条倒 U 型曲线的上升阶段，数量庞大而且年轻化的人口结构转而成为推动经济社会快速发展的"人口红利"，人口发展与经济社会发展协调并进。然而，工业化时代造成多方面的社会影响，其冲击是全方位的。医疗卫生条件的改善和社会保障体系的完善使得预期寿命持续提高，人口老龄化接踵而至；快速的技术变革和产业升级对人力资源的要求越来越高，教育投入持续加大而就业年龄不断推迟，既增加了抚育成本又推迟了婚育年龄，人口出生率下降相伴而来。于是，伴随经济发展的便是低出生率、低死亡率和低增长率状态，少子高龄化成为另一个需要持续面对的难题和系统性挑战。

从中国的发展实践来看，历次重大经济发展战略的调整无不受到人口发展态势的重大影响，并与经济理论所预设的三种情形呈现高度的对应关系。最大的差异在于，在新中国用 70 余年的时间快速走完西方数百年的工业化进程而创造经济发展奇迹的同时，其人口转变也被压缩在数十年间得以完成。进入 21 世纪，中国的人口发展在经历了快速突破低水平均衡陷阱和收获人口红利的发展阶段后正步入世界上规模最大、速度最快的少子化和老龄化阶段，也意味着我国人口再生产模式的深刻转变。少子化和老龄化本身，以及由其所引致的家庭结构变迁、养老模式变迁，生育观念变迁等将长时期、多向度地对我国经济社会发展施加复杂的影响。

3.2.1　促进家庭转变的主要因素

与大多数西方社会科学主要依赖理论假设和逻辑演绎来构建理论的最大区别在于，人口转变理论主要源于长时期大范围的经验事实和实际资料的分析而得以建立，并在其后的应用中得到了大量的印证。相对遗憾的是，人口转变的理论内核包括"总人口"动态变迁和"人口变动内在因素"两个主要方面，但在后续的发展中，忽视了对"人口变动内在因素"的研究（李竞能，2004）。如果不能够对人口转变何以会按照一条具有共同趋向的路径展开提供有力的解释，那么人口转变将难以称为"理论"。

影响人口转变的因素很多，但最终均通过死亡转变和生育转变这两个基本因素而发挥作用。死亡转变既在数值上表现为死亡水平由高到低的下降过程，其本质则在于死因模式的根本性转变。各国死亡率下降的原因基本相同，主要由营养和卫生条件改善、普遍的疫苗接种及医疗技术进步等促成。生育转变被认为是对死亡率下降的回应。在传统社会，高死亡率的负面影响要求以高出生率来对冲，从而保证人类社会的延续，并在此过程中发展出鼓励高生育率相对应的宗教教义、宗族制度、道德要求、社会习俗、婚育制度等社会环境。但进入工业化时代，随着死亡率下降，维持高生育率的必要性不复存在。城市化和工业化促进了大家庭模式的式微，核心家庭成为主要的家庭形态；婚育年龄的推迟、对生育成本与收益的重新考量降低了生育意愿，避孕技术的普遍推广和广泛运用则为此提供了技术上的保障。由此推进人口发展模式走向"第二次人口转变"：在死亡率和生育率都下降到低水平之后，死亡率保持相对稳定，而生育率则继续下行，不仅跌破 2.1 的更替水平，甚至跌入 1.5 以下的"低生育率陷阱"（宋健和张晓倩，2021）。

3.2.2　家庭结构转变：生育政策的影响

人口转变的结果和影响，会直接投射在家庭上，引起家庭转变。宋健等（2020）将家庭转变定义为：家庭从传统走向现代的过程中，发生的不可逆的、具有重要意义的趋势性的变化。结构、关系和功能构成了家庭系统的三个基本要素。在家庭转变的过程中三者均发生了重要的演化，并且与急剧变革的内外部环境相互塑造。

家庭结构是由家庭中成员规模及相互关系和居住模式所决定的家庭的外在表现形式，通常按家庭人数、代际数或成员关系划分为不同的类型。如表 3 - 3 所示，新中国成立 74 年来家庭结构转变中最直观的表现就是家庭户规模的快速缩减，除了在 1953—1964 年有过小幅增长外，在 1964—2020 年的 56 年，家庭户平均规模下降了 1.81 人，下降幅度达 40.8%，并跌破了通常所谓"三口之家"的数量底线。

表3－3　　　　　　中国历次人口普查和抽样调查的平均家庭户规模

普查/抽样调查年份	平均家庭户规模/人	规模变动情况/人
1953	4.33	—
1964	4.43	0.10
1982	4.41	−0.02
1987	4.23	−0.18
1990	3.93	−0.27
1995	3.70	−0.26
2000	3.44	−0.26
2005	3.13	−0.31
2010	3.10	−0.03
2015	3.10	0
2020	2.62	−0.48

资料来源：依据历次全国人口普查与1%人口抽样调查数据整理。

　　在整个演化过程中，有两个阶段尤其值得关注：一是在1982—2005年的23年，家庭户平均规模下降了1.3人，占了整个时期内变化的75%。在此阶段，造成家庭户规模持续快速下降的原因是什么？二是在2015—2020年，"单独二孩"政策、"全面二孩"政策全面推开，普遍的预期是，随着出生人口规模、出生率和幼儿抚养比的提高，家庭户平均规模也将回升。在此期间，出生人口规模和出生率确有提升，但与预期相反的是，家庭户平均规模却经历了同比最大幅度的下降。原因又是什么？

　　对于第一个阶段的家庭规模变化，我们主要从生育政策和社会经济因素两个视角进行解释。新中国成立初期，宽松的生育政策导致了人口的快速增长，20世纪50年代至60年代出现"婴儿潮"。国家统计局数据显示，1949—1971年，中国的总人口从5.42亿增长到8.52亿，年均自然增长率约为20‰，年平均新增人口超过1400万；人口出生率除在1958—1961年低于30‰外，其余年份均高于30‰，1963年更是达到了

43.6‰的峰值。1966—1970年的5年，净增人口超过1亿，每年出生人口在2500万～2700余万徘徊。快速的人口增长引起人们的广泛关注。1970年2月，周恩来总理在全国计划会议上指出"现在人口多，70年代人口要注意计划生育"。同年6月进一步强调："计划生育属于国家计划范围，不是卫生问题，而是计划问题"。计划生育被正式纳入第四个五年国民经济发展计划，以人口自然增长率指标为核心分城乡制定人口控制目标。

20世纪70年代，被概括为"晚婚、晚育、少生、优生"人口政策取得了显著的成效：总和生育率从1970年的5.81下降到1980年的2.38，城市的总和生育率甚至降到仅有1.15；净增人口数由2321万下降至1163万，人口自然增长率由28.8‰大幅降低到11.9‰（冯立天和马瀛通，1999）。20世纪80年代早期，计划生育的政策表述进一步收紧，执行力度也得到大幅加强，以求实现"全国总人口在本世纪末不超过十二亿"的目标，"一孩政策"开始全面实施。但正如前面的分析已经指出的，计划生育政策在城市得到了较好的执行，其总和生育率已经下降到1.15的极低水平。但在农村则引起了较大的反弹，一度造成干群关系的高度紧张。当时我国农村人口尚占全国人口的70%以上，如果这个规模最大的群体不能得到有效控制，那么当初设定的人口控制总目标将难以实现。

结果恰恰事与愿违，在20世纪70年代相对宽松的生育政策指引下，农村地区在1980年总和生育率已下降到2.48，但在收紧政策后的1981—1984年，总和生育率反而进一步上升到2.91、3.32、2.78和2.70。因此从1984年开始，鉴于"一孩政策"在农村地区所遭遇的强大阻力，中央进行了适度的政策调整，在充分试点的基础上允许各地根据实际制定相应的地方计划生育条例，并保持了较长时期的稳定。持续数十年以适度控制人口过快增长为主要政策诉求的计划生育对我国经济、文化、社会发展产生了深远影响，特别是在控制人口增长、降低生育率等方面产生了显著效果。我国人口自然增长率由1970年的25.95‰下降到了2013年的5.9‰。2013年我国的生育政策开始转向。

杨胜慧和陈卫（2015）就生育政策对家庭结构的影响机制作出了以下解释：生育政策通过影响生育行为影响家庭年龄结构，进而对家庭规模产生明显且灵敏的影响。以一个典型的核心家庭为例，一对已婚夫妇分别生育1个孩子和生育3个孩子相比，家庭户规模将会从5个缩减到3个。20世纪70年代至80年代我国家庭户规模的变化与生育率的迅速下降密切相关。国家对出生人口的严格控制，降低了出生率，平均每户的少儿人数明显减少，成为家庭规模降低的主要因素。但在20世纪90年代之后，家庭户规模的减少已主要不是由生育率的下降造成的，而主要是由家庭成员迁移流动造成的。2015—2020年生育政策由控制人口转向鼓励生育之后，家庭户规模的快速下降也对此提供了经验支持。

3.2.3　家庭结构转变：社会因素的影响

大量针对生育政策与家庭结构的实证分析表明，由生育政策主导的人口因素对家庭户①规模缩小的影响近年来不断减弱，社会经济方面的影响逐步增强（郭志刚，2008）。王广州和周玉娇（2021）将影响家庭规模的因素分为内生性因素和外生性因素。前者指由婚姻、生育行为与迁移等变动带来的家庭规模变化，后者则指由社会经济因素对家庭规模的作用。市场经济条件下，经济原因导致的大规模人口流动、婚育观念和行为变迁成为家庭结构转变的主要因素。

从表3-4可以发现，在2006—2020的15年，一人户、二人户家庭

---

① 严格意义上讲，家庭与家庭户（可简称为"家户"）并非同一概念。一般而言，家庭是由具有血缘、姻缘或关系成员（拟制血亲）收养组成的亲属组织。王跃升（2020）将家庭定义为：由具有主要扶养义务和财产继承权利的成员所形成的亲属团体与经济单位。此处的"亲属团体"和"经济单位"是并立的条件，不能互相替代，只符合一个条件不足以形成完整的家庭。因此，家庭成员之间不但有血缘、姻缘或收养关系，还存在法律所规定的"义务"和"权利"关系。而家户是由具有血缘、姻缘或收养关系成员为主的在一定时间内居共爨所形成的生活单位。就成员范围来讲，家户可将被雇佣的成员（如帮工、保姆等）及其他非亲属成员。家户与家庭的最大区别是，只有在较长或规定的时间范围内同居共爨者才能被视为家户成员，长期在外工作、上学的亲缘关系成员（包括配偶、子女、父母）虽属家庭成员，但并非家户成员；无亲缘关系者在本户长期生活、工作也属家户成员。本书对此未作严格区分。

的占比分别上升了 16.3 个、5.5 个百分点,三人及以上户规模均呈下降趋势或基本持平,其中三人户、四人户和五人户等以完整核心家庭为主家庭户下降比例分居前三位,分别下降 9.7 个、6.9 个和 4.6 个百分点。对第六次 (2010 年) 和第七次 (2020 年) 全国人口普查数据的比较分析也显示出相同的变化趋势。10 年间,一人户、二人户家庭的占比分别上升了 10.9 个、5.3 个百分点,三人户、四人户和五人户等下降比例同样分居前三位,分别下降 5.9 个、4.4 个和 3.798 个百分点。这意味着,一人户、二人户的快速增长主要是由以三人户、四人户、五人户为主体的标准核心家庭分化而来。

表 3 – 4　　　　　　2006—2020 年各类家庭户规模的占比　　　　单位: %

年度	一人户	二人户	三人户	四人户	五人户	六人户	七人户	八人户	九人户	十人及以上户
2006	9.14	24.17	30.68	20.03	10.78	3.59	1.01	0.37	0.13	0.10
2010	14.53	24.37	26.86	17.56	10.03	4.20	1.43	0.56	0.23	0.21
2015	13.15	25.28	26.42	17.90	10.32	4.55	1.40	0.54	0.23	0.22
2020	25.39	29.68	20.99	13.17	6.17	3.06	0.93	0.32	0.13	0.15

资料来源:分别依据 2007 年、2011 年、2016 年、2021 年《中国人口和就业统计年鉴》中"各地区按家庭户规模分的户数"表格整理计算。其中 2006 年资料来源于全国人口变动情况抽样调查,2010 年资料来源于第六次全国人口普查,2015 年资料来源于全国 1% 人口抽样调查,2020 年资料来源于第七次全国人口普查。资料来源口径差距较大,但能够反映趋势性变化特征。

在此期间总人口保持增长态势,而家庭户规模持续缩小,其结果就是家庭户数量的快速增长。通过对历次全国人口普查数据和 1% 人口抽样调查数据的分析表明,中国家庭户数量从 1990 年的 2.77 亿户增加到 2000 年的 3.48 亿户,10 年间年均增长率高达 2.32%,2010 年继续突破 4.02 亿户,10 年间年均增长率略缓,为 1.43%;2020 年家庭户数达到 4.94 亿户,10 年间年均增长率再次升高为 2.1%,均高于同期的人口自然增长率,尤其是在 2015—2020 年,呈现一个陡然增加的态势。

1. 初婚年龄推延、不婚率上升，一人户比例增加

我国高等教育已进入大众化普及化阶段，居民受教育水平迅速提升，接受教育的年限普遍延长，在"00后"群体中，接受过大学教育的比例已经超过半数。教育年限的延迟和异地求学使得更多年轻人实现了跨省、跨市县的求学流动。另外，学业完成后的很多人同样会选择异地工作，在毕业后许多人并不会回到父母身边去工作，尤其是农村户籍学生。即使回到户籍地所在省市，也会有较大比例的人选择在外居住而不会和父母同住。未婚子女的"离巢"独居同时也会导致原有核心家庭的"空巢化"。这一方面增加了家庭户的数量，在另一方面又降低了家庭人口的规模。相较2000年，核心家庭空巢化提前到来的趋势在城乡都有所呈现。城市家庭表现得更为突出。2010年，45岁组的夫妇"空巢"家庭占比已经超过了20%，而在2000年55岁组才能达到这个比例（王跃生，2020）。

教育年限的延长必然导致初婚年龄的延迟，受过高等教育的年轻世代显著推迟了结婚年龄。根据人口普查数据及人口抽样调查数据，近年来中国人口平均初婚年龄不断提高。女性从1982年的22.4岁提升到2010年的23.9岁，2020年进一步提升到27.95岁；男性初婚年龄从1982年的24.5岁提升至2010年的25.9岁，2020年进一步提升到29.38岁。

更为严峻的现实是，处于结婚高峰期的未婚人口占比显著上升。25～29岁女性的未婚比例从1982年的5.27%上升到2015年的35.6%，增加了超过30个百分点；25～29岁男性的未婚比例也从1982年的23.6%上升到2015年的49.4%，即该年龄段约有一半男性尚未步入婚姻。初婚年龄的推延直接导致了结婚率的骤降，2021年我国依法办理结婚登记764.3万对，结婚率5.4‰。自2014年以来，中国的结婚率呈现持续下降的趋势，从9.58‰下降到5.4‰（中华人民共和国民政部，2021）。

2. 初育年龄推迟，婚育观念转变，夫妻二人户增多

初育年龄的推延并非仅仅是由于晚婚带来的，尤其是对于女性而言。

国家统计局 2023 年发布的《2021 年〈中国妇女发展纲要（2021—2030年）〉统计监测报告》显示，我国高等教育进入普及化阶段以来，女性接受高等教育的机会不断增加，我国接受高等教育的群体中，女生占比持续超过半数。国家统计局数据显示，2021 年，高等学校在校生中女生为 2780.7 万人，比 2020 年增加 124.4 万人；占在校生的 50.2%。其中，女研究生为 171.7 万人，占全部研究生的 51.5%，提高 0.6 个百分点；普通、职业本专科和成人本专科在校生中女生分别为 1756.1 万人和 480.5 万人，占比分别为 50.2% 和 57.7%。女性受教育程度的提高同时提升了其劳动参与率和就业竞争力，职业选择的多元化和收入水平的提高使女性更加倾向于在职业生涯上有更多的表现，同时也提高了结婚和生育的机会成本，再叠加教育、医疗、住房成本"高企"和养老负担加大等现实原因，深刻地改变了年轻世代的婚育观念、决策和行为。其表现就是生育年龄的延后和生育数量的减少，更有一部分选择不要孩子，或选择不结婚。由此，中国的人口问题在少子化、老龄化之外进一步叠加了不婚化的影响。

3. 人口大规模流动，大家庭分解为更多小家庭

进入 21 世纪，我国人口流动进入了大规模、高强度的活跃时期（柯文前等，2022）。同时，从 20 世纪 90 年代末期到 21 世纪初以农村过剩劳动力（农民工）向城市流动的单一模式逐渐向城乡双向流动和城际流动的多元流动模式转化（段成荣等，2019）。马小红等（2014）根据第六次全国人口普查数据，按照城—城、乡—城、城—乡和乡—乡 4 种流动类型，分析了我国的人口流动规模、人口学特征和流动特征。在流动规模上，从农村向城市的流动依然占据主体，其次是城际的相互流动。2016年，城际流动人口占总流动人口比例已提高至 30%。这意味着随着社会经济的持续快速发展，为人口的迁移流动创造了条件。然后依次是乡—乡和城市—乡村的流动。同时，四种类别的流动具有不同的人口学特征。乡村到城市的流动群体最年轻，主要以就业和求学为主要动力；而乡村

内部的流动则以文化程度和收入水平较低且不稳定的群体为主。城—城和城—乡流动人口则具有文化程度较高和职业稳定性与专业性较强等特征。在流动特征上，乡—城和乡—乡流动人口跨省流动比例最高，城—乡流动人口以本县跨乡镇为主，而城—城流动人口则是跨不同行政尺度的比例相对平均。2010 年之后，全国流动人口规模进一步加速。第七次全国人口普查数据表明，2020 年我国流动人口达到 3.76 亿，比 2010 年的 2.21 亿增加了 1.55 亿，增幅 69.73%。

在依然占据主导作用的乡—城流动模式中，主要的流动方式仍然以夫妻流动或者单人流动为主，举家迁移的情况并不十分突出。这类流动行为将会使他们原有的核心家庭或者直系家庭出现缺损。这就导致了"空巢老人"和"留守儿童"等社会问题的大幅增长。根据 2005 年全国 1% 人口抽样调查显示，城乡家庭户中隔代户的比例快速上升，2000—2005 年的增长幅度超过了之前 10 年（1990—2000 年）的增长幅度。此类隔代户通常由年老的（外）祖父母与尚处于 0～14 岁阶段的（外）孙儿女组成，承担的主要功能是隔代抚育隔代养老。2010 年农村因为人口流动导致的家庭结构缺损比例达 30%。这意味着不仅流动人口的单人户和夫妻家庭户比例增加，空巢家庭和隔代家庭的占比也提高了。随着 2020 年人口流动行为加剧，不仅农村家庭出现缺损，城市家庭也存在这种情况，由此使得总的家庭户规模都随之缩减。

3.2.4 家庭结构转变：经济因素的影响

任泽平等（2023）根据驱动生育率下降主导因素的变化，将人类生育率的转变划分为高死亡率驱动阶段、死亡率下降驱动阶段、功利性生育消退阶段和成本约束下的低生育阶段四个时期。

如图 3-1 所示，在高死亡率驱动阶段，社会面临高死亡率的巨大压力，力求通过高生育率对冲高死亡率的影响，总和生育率一般在 6 左右。其后，随着死亡率的下降，不再需要以高生育率对抗高死亡率，总和生育率从 6 以上下降到 3 左右，从而进入死亡率下降驱动阶段。在功利性生育消退阶段，随着死亡率降至低水平，影响生育行为的主导因素转变为收益问题。家庭的生育决策与生育行为更侧重于情感需求，并重视对子女人力资本的投入，总和生育率进一步从 3 降到 2 左右。在此阶段，在养育孩子的直接成本上升的同时，父母的机会成本同时上升，而在收益方面，精神收益与收入基本不相关，功利性收益下降，导致意愿生育数下降。家庭的生育决策和生育行为逐渐远离功利化考虑，情感需求上升为主导型因素，总和生育率大致降到 2 左右。这种转变在我国大致发生在 1979—1990 年，除了受到计划生育政策的影响外，还与改革开放后工业化、城市化快速推进有关。

图 3 - 1　中国总和生育率的变化（1950—2022 年）

资料来源：任泽平，梁建章，黄文政，何亚福. 中国生育报告 2023［R/OL］.（2023 - 01 - 19）［2023 - 09 - 02］. https：//mp. weixin. qq. com/s/DbhFYiyKDJttMBdX066Kkg.

在成本约束的低生育率阶段，总和生育率降至更替水平 2.1 以下，甚至跌入"低生育率陷阱"。此时，总和生育率下降到意愿生育水平之下。生育率的进一步下降不是因为生育意愿数的减少，而是因为成本提高导致人们的生育意愿不能完全实现。实际生育水平与意愿生育水平的差距取决于成本的高低。就我国生育率的变化趋势来看，我国目前已进入这一阶段。这意味着成本约束等经济原因成为影响家庭结构转变的主导性因素。具体而言，房价"高企"、教育医疗支出持续增长、养老负担不断加重是主要原因。

1. 住房市场化改革的影响

1998 年我国开启住房市场化改革进程。迄今为止房价总体保持快速上涨趋势。根据《中国统计年鉴 2022》，2000—2021 年全国住宅平均销售价格均价从 1948 元/平方米上涨至 10396 元/平方米。2021 年北京、上海的平均房价更是分别达到 46941 元/平方米、40974 元/平方米的水平。房价的快速上涨，造成两方面的影响：一是居民购房债务快速上升，还房贷成为家庭支出中的重头戏，挤压其他消费，也给家庭抚养孩子和为子女结婚购房带来了很大压力。任泽平等（2023）提供的数据显示，2004—2021 年中国个人购房贷款余额从 1.6 万亿元增至 38.3 万亿元，增长 23 倍，占居民贷款余额的比例大致在 50%以上。房贷收入比（个人购房贷款余额/可支配收入）从 16.2%增至 57.4%，带动住户部门债务收入比（居民债务余额/可支配收入）从 29.0%增至 143.3%。这还是一个未纳入消费贷、信用贷形式的窄口径统计结果。二是房价"高企"使小户型更受欢迎，住房面积的缩小只能容纳更少的家庭人口和选择更少的生育数量。住房面积变小也意味着父母很难与子女同住。由此房价上涨在迫使人们缩小住房面积的同时也阻碍了与父母同住的机会和降低了生育多个孩子的意愿（王广州和周玉娇，2021）。

2. 优质教育资源供给不充分、不均衡，教育支出持续增长

在学前教育阶段，计划经济时期大量企业兴办的托儿所快速退出，公立幼儿园供给严重不足，使学前阶段的教育支出超过了义务教育和高中阶段的支出比例。根据育娲人口研究发布的《中国教育与人口报告 2022 版》，我国 3 岁以下婴幼儿入托率仅 5.5%左右，而经合组织国家（或地区）3 岁以下婴幼儿入托率平均为 35%，欧盟国家 3 岁以下婴幼儿入托率平均为32.7%。由于社会化托幼服务存在巨大的供给缺口，家长需要花费大量时间成本照看幼龄孩子，从而影响其生育决策。此外，公立幼儿园供给大幅下降，许多家庭被迫选择价格昂贵的私立幼儿园，构成了学前教育阶段费用高昂的一个重要原因。1997年公立幼儿园数占比86.5%，在园人数占比94.6%。从2001年开始幼儿园被大量推向社会办学，叠加基层中小学大量撤点并校，尤其在农村，导致农村、县镇、城市幼儿园分别大幅减少4万、1.5万、0.9万所。2001—2020年全国幼儿园所数从11.2万所增至29.2万所，但公立幼儿园数从6.7万所减少至2010年的4.8万所，直到2020年才回升至12.4万所，占比从60.1%降至30.7%再回升至42.4%，仍未恢复到2001年的水平。公立幼儿园在园人数占比从87.3%降至50.6%。城市、县镇、农村的公立幼儿园在园人数占比分别从75.5%、74.8%、90.6%下降至2020年的44.0%、50.4%、63.9%。

3. 医疗费用持续上涨

根据《2022中国卫生统计年鉴》，2000—2021年中国居民人均卫生支出从361元上涨了5440元，增长了15.06倍，均远超同期人均国内生产总值和人均可支配收入的增幅。在2004—2020年，中国居民平均到医疗机构诊疗人次从3.07人次上升至4.13人次，住院率从5.1%上升至16.3%。此外，2021年公立三级医院次均门诊费用为370.1元、次均住院费用为14286.8元、日均住院费用为1640元。同时，医疗保健支出占消费性支出的比重也从3.2%上升至8.8%，其中城市从3.1%上升至8.3%，农村从3.2%上升至9.9%（任泽平等，2023）。

4. 养老负担加重，挤压生育意愿

预期寿命的延长和前期生育政策使得我国大量"80后""90后"独生子女组成了四个老人、一对夫妻、一个孩子的"421"家庭结构。如夫妻双方均为独生子女，则需要赡养四个老人，抚育一个孩子。在（外）

祖父母养老金保证不充分或患有疾病的下，这种养老压力更加明显，必然对生育决策和生育行为产生相当大的影响。

3.3 家庭转变的经济社会影响

家庭的变化不是孤立的变化，而是深度地嵌入整个经济社会变迁的时代浪潮中。家庭发生变化，实际上是对外部经济社会变化的一种适应性调整。宋健等（2020）认为，西方已经经历了两次家庭转变。

第一次家庭转变起源于18世纪的欧洲并延续至19世纪的维多利亚女王时代。其标志是现代核心家庭成为主导模式，家庭内部关系从传统的、封建的、专制的模式，转变到一个相对平等的模式。我们将之称为家庭的"现代转变"。

第二次家庭转变的时间始于20世纪70年代。现代世界体系在经历第二次世界大战后"黄金三十年"的高速增长后，西方主要经济体进入后工业化时代，凯恩斯主义让位于新自由主义，反权威、个人主义的思潮席卷西方社会，部分国家进入所谓的后现代时期。现代家庭再次发生重大转变，"后现代性进一步替代现代性和消除传统性"（宋健等，2020），或可称为"后现代转变"。

其结果，从家庭结构看，是标准核心家庭逐渐走向衰落，一些非主流的家庭形态，如同居家庭、丁克家庭、单亲家庭、单身家庭、同性家庭数量显著上升，家庭规模日趋小型化；从家庭功能看，则出现了明显的去制度化、去功能化趋势。婚姻与家庭的神圣性、传统价值大幅衰减，家庭作为一个集经济、社会、政治、文化于一体的一个社会制度安排让位于一种基于情感和陪伴的关系，家庭所承担的养老、情感抚慰、教化功能普遍弱化，家庭内部的代际支持持续下降，传统家庭的制度化功能逐渐社会化、网络化；从家庭观念上看，集体主义、家庭本位逐渐让位于自由主义、个人本位。

如果单就形式上看，中国家庭也进入了"后现代转变"时期。无论从家庭规模、结构、功能还是观念，西方家庭"后现代化转变"中的一些典型特征已或多或少地有所体现。而在中国这种变迁更是以一种异乎寻常的烈度和节奏展开，也使家庭的转变更加急促和剧烈。在中国家庭已经和正在发生的深刻转变中，家庭形式、结构、关系、功能等方面的变动都超出了前人的想象。相应地，家庭作为个体生活的基本单元和社会的基本组成部分也必将反向影响经济社会的发展。结合本书的研究主题，接下来将进一步分析家庭转变对康养产业的发展究竟具有怎样的经济社会意涵。

3.3.1　家庭转变推动中国养老模式的变迁

养老模式是指在物质、生活、精神三个层面为老年人安度晚年提供支持的制度安排（秦轲，2017）。抚育后代、赡养老人是传统直系家庭所承担的最主要的功能，家庭所具有的代际传承、亲族协力和相邻互济的功用也都建基其上。在家庭的现代转变中，家庭结构由主干家庭转向标准核心家庭，多个横向夫妻轴取代了纵向父子轴成为家庭权力主轴，家庭的纵向代际关系大幅削弱。而现阶段正在发生中的"后现代转变"则导致家庭规模进一步缩小到 3 人以下，意味着被费孝通（1981）所强调的"家庭稳定三角"关系也被破坏了。此外，中国人口结构正在经历由老龄化社会向高龄社会的转变，再叠加大规模的人口流动和代际关系的深刻调整，由此也带来养老模式的深刻变迁。一方面是家庭养老功能的逐步弱化，另一方面是社会化养老的发育相对迟缓，如何积极应对人口老龄化的趋势，引起了全社会的普遍关注。2013 年国务院颁布《关于加快发展养老服务业的若干意见》，要求"把不断满足老年人日益增长的养老服务需求作为出发点和落脚点""全面建成以居家为基础、社区为依托、机构为支撑的，功能完善、规模适度、覆盖城乡的养老服务体系"。

按照粗略的划分，养老模式可分为家庭养老和社会化养老两大类别。

与西方社会奉行的"接力模式"不同，中国社会长期以来一直奉行"反馈模式"。在漫长的历史时期，家庭养老一直牢牢占据主导地位。家庭成为老年照料的主要场所，而子辈及孙辈构成了养老的主要依托，依靠家庭成员或亲属网络照料是中国最普遍的养老选择。家庭不仅提供了养老的经济资源，也是老年人获得情感依托、精神抚慰的来源，在这个意义上，传统中国家庭承担着"全能型的养老责任"（李中秋等，2017），成为老年照料的最佳组织系统。由此也形成了绵延千年的孝道文化。家庭养老能够存续很长的历史时期，孝道文化提供了重要的文化、道德和价值观支撑。但绝不能说仅靠孝道文化就能支撑一种家庭养老长期延续的根本原因；另外，也不能仅根据当前家庭养老功能弱化，社会化养老兴起就意味着传统孝道文化的式微。宋健等（2020）均强调了在激烈的社会变革和家庭转变中，追求家庭整理意义上的发展，代际关系和夫妻关系始终保持紧密联系——尽管在形式上已经发生了很大的变化，但内核和本质则被保持和延续了下来，构成了中国超稳态社会结构的基础。中国养老模式的演变更多地对家庭转变的一种社会化回应，即家庭内部成员之间存在的抚养和赡养的代际交换和分工，突破了家庭的边界而演变为社会化的交换和分工。

1. 传统家庭养老的经济学分析

事实上单独分析或仅强调传统家庭的养老功能是不全面的。中国世代相传的家庭生活模式中对子代的抚育和对父辈的赡养构成了一对对称关系，其实质是家庭成员之间、代际之间的物质、精神和情感的交换。交换导致分工，尽管这是一种基于家庭内部的个别分工。在马克思的两类分工体系中，社会分工直接是为了交换，而个别分工则是一种协作关系的体现。两者具有辩证关系，在一定的条件下可以相互转化。正如产业演进一样，既可以看到不断有新的产业从原来的产业中独立出来，也可以看到企业的规模越来越多元化、集团化。随着产业内部的业务流程不断从原产业中分离出来，社会分工得以不断细化；而在企业采取集团化多元化发展战略时，社会分工又转而成为企业内部的个别分工。什么时候、什么条件下会发生这种转化，主要取决于不同分工条件下的成本—收益考量。

据此理论来分析养老模式的转变，家庭养老模式即基于家庭内部成员之间的交换分工关系，相当于工厂内部的个别分工和内部交换。这种交换分工关系突破了家庭的边界而演变为社会化的交换和分工时，就表现为社会化养老。

在传统的农耕时代，自给自足的生产生活方式赋予了家庭相当大的独立性，并形成了相对稳定的家庭内循环关系：青壮年承担家庭的主要劳作任务，获取经济资源以用于养育子代、赡养老人和家庭发展；父辈则承担辅助性劳动以获取经济回报，并在抚育孙辈上投入大量的时间和精力；孙辈则主要接受父辈和祖辈的生养和教化，力所能及地参加家庭辅助性劳动，并适度承担赡养责任。如此循环更替，生生不息。农耕社会的这种以内循环为主的生产生活组织方式，以血缘关系为核心纽带，交易费用、协调成本都极低，因此发展出最稳定的家庭养老模式。然而，随着工业化时代的到来，整个社会生产组织方式发生革命性变革。社会经济因素的不断调整使家庭成员之间的交换关系和分工格局不断随之改变，原本可通过家庭内部的交换分工予以解决的众多问题不得不求助于社会，家庭抚育—养老功能同步弱化。

2. 养老模式演变的逻辑

工业社会的生产组织重心发生了巨大的变化，社会生产不再以家庭为中心展开，家庭的生产—生活统一性日渐消失，社会交换的频率和比重显著上升。"相互交换的能力与倾向"使有交换关系的人们"集结在一起"（亚当·斯密，2011）。熟人社会转向陌生人社会。代际的抚育与赡养关系依然存在，但其效能却受到了极大的削弱。在更大程度上，依靠家庭内部交换和分工已不足以维持家庭的正常运转。

首先，对儿女的抚育问题。农耕时代，抚养与教化大多是在家庭内部完成，父母或祖父母长期劳作所积累的农业生产经验在家庭内部一代一代地传承下来，在年幼的孩子们协助参与辅助性劳动的过程中，家庭教化的功能也就大部分实现了。从家庭劳作中习得的技能将伴随他们终生并世代传承。而在工业社会以及知识经济时代，社会对人力资本的高要求显然不是家庭所能够承担了，也不再有子承父业。家庭的抚育功能退化为简单的抚养，教育早已社会化了。

其次，对老人的赡养问题。农耕时代，只要家庭内的主要劳动力能够谋取到足够的经济资源，能够保证一粥一饭的供养，赡养的责任也就大部分尽到了。但进入现代社会，随着预期寿命的大幅度延长、中老年慢性疾病率的显著上升和失能及部分失能老人群体的大幅度增长，单纯物质生活的温饱、小康乃至富足已远远不能满足老人的健康需求。健康管理、疾病治疗、长期护理、生活照料等显然已经超出了家庭能够有效供给的程度，不得不求助于外部社会。

再次，对于家庭的中坚群体而言，现代社会高强度的工作压力大幅度地压缩了其闲暇时间。在农耕社会这类闲暇时间最主要的用途就被用于对孩子的抚育和对老人的赡养。而收入水平的提高则提高了其时间的机会成本。有研究表明，家庭养老对子女的工作机会和工作时间有显著的负向影响。同时，教育的社会化和赡养的专业化都意味着高昂的技术门槛和庞大的经济支出。中坚一代已无法完全亲自承担这样的功能，不得不求助于外部社会了。

最后，则是在核心家庭取代主干家庭之后，核心家庭进一步式微。代际的分离使对老人的赡养在空间上和时间上都面临难以跨越的困难。在此不再赘述。

由此，传统家庭承担的抚育和赡养责任均主要依靠社会化的途径获得。差别在于教育的社会化发生的时间更早，也更彻底。社会化养老则还处于不断深化过程中，家庭养老从占比上看，依然还占据主导地位。但目前的家庭养老，从交换的角度看也极大地依赖于社会化资源的获取，如各类医疗护理用品、医疗保健药品的购买需求已经极大地上升，并保持了快速的增长态势。此外，也有研究者将自我养老视为家庭养老的一种形式，主要包括在城市生活的老年人基于退休工资或社会保险的居家养老方式，以及农村地区老年人基于土地的养老方式。这意味着，今天的家庭养老与农耕时代的家庭养老也已经发生了重大的转变，家庭已经逐渐失去了传统全能型养老组织的地位。

对今天的中国而言，家庭养老的社会和经济基础还在，代际的联系依然紧密，同时，社会化养老还没有发展到替代家庭养老的程度，在更多的时候体现的还是互补关系，多种方式共存，各自发挥所长。养老问题家庭内部解决对于社会和经济发展的意义重大。要想充分发挥家庭养老的作用，需要给养老的家庭以多方面的支持。同时，社会化养老也应该积极稳妥地抓住这一窗口期，规范有序地发展壮大，为承接未来养老模式转变的任务做好准备。就此而言，面向老年群体的康养产业发展潜力巨大。

3.3.2　亚健康群体与康养需求的快速放大

近年来，亚健康问题引发社会的普遍关注。亚健康概念源于西方医学的"第三状态""中间状态"，意指在人体健康与疾病之间存在的一种非健康、非疾病的中间状态：即机体有不适症状，但又找不到明确的致病因素或病理变化状态。亚健康既可表现为有自觉症状但各种检查结果正常，也可表现为检查结果有所偏离却不符合临床疾病诊断标准或尚够不上亚临床标准，其本质大多是可逆的身心失调。亚健康状态的形成与发展与社会、心理等因素密切相关，通常认为过度疲劳造成的精力体力透支，伴随个体衰老的机体器官老化，现代心身疾病如心脑血管疾病、肿瘤等的潜临床或前临床状态及个体生物节律的紊乱是主要的原因（王秀等，2008），此外不健康的生活习惯和方式、人际关系、生活环境与缺乏运动等也被研究者提及（王静，2011）。

新中国成立 74 年来，中国经济突飞猛进。2010 年 GDP 超过日本，成长为全球第二大经济体。然而这种巨大的成功并非没有代价，其中之一就是中国劳动者的平均工作时长长期居高不下，以及由此带来的对国民健康的负面影响。《中华人民共和国劳动法》规定，国家实行劳动者每日工作时间不超过 8 小时、平均每周工作时间不超过 44 小时的工时制度。遗憾的是，这一规定在实践中并未得到完全落实。从中国从业者的平均工作时间来看，要远远高于全球平均水平（赖德胜等，2014）。徐海东和周皓（2021）提供的数据表明，2019 年中国城镇就业人员调查周平均工作时长为 46.8 小时，其中男性为 47.8 小时，女性为 45.5 小时；分行业看，住宿和餐饮业的周平均劳动时间最高，达 51.9 小时，其次为批发和零售业，达 49.7 小时。这一劳动时间不仅高于英国、法国等发达国家，也高于墨西哥、巴西等发展中国家。

因长期超负荷、超时劳动所造成的员工生病乃至"过劳死"的案例也不时见诸网络，经常会引发社会的激烈讨论。"打工人"对于超长劳动、惯常加班深恶痛绝，以至于 2021 年 8 月，最高人民法院和人社部联手明确指出："996"严重违反法律关于延长工作时间上限的规定，才算是平息了公众舆论（郭小弦和沈慧，2022）。

"过度劳动"是指劳动者的身心健康因劳动强度过大、劳动时间过长而受损的现象。过度劳动对健康的损害，除"过劳死"等极端情形之外，通常是通过疲劳蓄积、压力传递和时间挤压等方式对劳动者的健康产生长期性、渐进性的损耗作用，而使劳动者处于亚健康状态。（1）工作时间的增加本身即增加了劳动者的职业风险暴露时间，对于劳动环境较为恶劣，劳动强度较大的行业尤其如此；（2）工作时间过长导致工作压力升高，会产生焦虑、紧张、抑郁等负面情绪，也会使得诸如吸烟、酗酒、暴饮暴食等不健康行为增加，大量老年慢性疾病出现年轻化趋势；（3）工作时间过长挤压了劳动者可用于体育锻炼、家务劳动和社会交往以及睡眠等的时间。

此外，与工业时代相比，信息时代互联网、大数据等的广泛使用使劳动控制机制发生了重要变化，项目制与弹性工作制度、绩效考核、末位淘汰等工作方式在互联网和数字技术的介入下实现了对劳动高强度的隐蔽控制，形塑了从业者对加班的自愿性服从。中国庞大的中青年群体处于亚健康状态，催生了对于康养产品和服务的庞大需求。

中国当前正经历剧烈的人口结构变迁，老龄化和少子化成为整个国家、社会和家庭不得不面对的重大现实问题，如何满足"一老一小"的健康需求，不仅对于个体的健康至为关键，同时对于国家整体的人口战略也发生深远的影响。同时，现代社会快节奏、高强度的工作状态也使广大中青年群体持续面临亚健康的威胁，也推升了这一数量最大的群体健康需求的增长。健康需求的快速扩张推动着康养产品和服务向全生命周期和全年龄人口的转型，也成为原本分属不同行业的得以整合为"康养产业"的主要动力。如何针对不同年龄段的人群，从物质、精神、情感三大诉求出发满足不同年龄群体的需求，顺应时代需求，规划全龄段多元产业配套，加快打造符合新时代康养需求的多元载体，逐步完善全方位全周期健康服务成为康养产业亟须破题的关键问题。

第4章 消费结构升级与康养产业的市场前景

第3章基于人口结构变迁对我国未来中长期康养需求的分析更多的是对市场潜在空间的一个趋势性估计。潜在的市场需求能否转化为有效的市场需求则涉及对收入水平、消费结构升级趋势等方面的分析，这构成了本章的主要内容。人均收入水平的提升使我国居民的消费结构从温饱型、小康型之后逐渐向健康型迈进，为康养产业提供了巨大的有效需求。经济的快速发展和人均收入水平的提高使我国居民消费结构进入快速的升级和迭代进程。康养产业成为当前我国持续深化的消费结构升级进程中最主要的受益产业之一。同时，我国康养产业起步较晚，其面临未富先老等突出问题，为更好地发挥后发优势，就有必要借鉴发达国家健康产业的成功经验。其中，同处东亚地区并深受儒家文化影响，且同样面临老龄化少子化社会困扰的日本成为借鉴的主要对象。

4.1 日本康养产业发展的经验借鉴

4.1.1 日本健康产业的构成及其发展

日本的康养产业主要包括健康食品、医疗产品、健康管理、医疗器械等行业在内的生产和服务领域。在产业布局上以健康管理为主导，同时注重与医疗保健制度的有效衔接，政府大力推动健康消费理念，以求在全体国民间形成健康的生活方式和饮食习惯。

1. 健康食品业

1968 年，经过第二次世界大战后 20 余年的高速发展，日本经济总量超越联邦德国，成为仅次于美国的全球第二大经济体，人均收入水平大幅提升，民众对健康饮食的需求被充分激发，健康食品产业在日本迅速兴起。20 世纪 90 年代，随着经济发展水平的提高和生活条件的改善，日本民众对健康的关注度和消费需求也越发高涨，越来越多的人开始消费健康食品。健康食品产业是日本少数长期保持高增长的产业。"广场协议"之后，日本陷入长期衰退，经济增长速度连续数年徘徊在 1%～2%，但健康食品业的增长速度仍保持在 10% 左右。从需求方面看，2016 年日本健康食品行业团体"健康与食品协会"工作小组针对健康食品的消费情况进行了问卷调查，调查显示有高达 73.7% 的日本人几乎每日食用保健品（陈志恒和丁小宸，2018）。

2. 健康管理业

健康管理是一种主动的行为，通过定期进行身体检查和监测，及早发现潜在的健康问题，并采取相应的措施进行干预和管理。与传统的医疗服务模式不同，健康管理更注重预防和治疗相结合，强调在疾病发生前或发病初期就进行积极的预防或治疗，以达到"防患于未然"的效果。日本是世界上健康管理发展较早的国家之一。20 世纪 50 年代末期，日本社会经济发展迅速，但不良的生活习惯和工作压力给人们带来了各种亚健康问题。日本政府对此高度重视，在全国各地设立了健康管理中心，以便推广医疗健康知识。1978 年，日本政府推出国民健康运动计划，积极推广健康体检，并增加营养师的数量。1988 年，提出了确保老人健康体检的机制，规范地区保健中心，并培养健康运动指导师等目标。21 世纪后，日本颁发了"健康日本 21 计划"。在此计划的推动下，日本政府于 2007 年制定了一项为期 10 年的"新健康开拓战略",该战略涵盖了心理健康、看护预防、牙齿健康等九大领域,旨在提高全民的健康素养。在战略实施期间,日本中小学生的身体素质得到了很大的提高,健身俱乐部覆盖率达到了 79%,健康管理的观念深入人心(陈志恒和丁小宸,2018)。

3. 医疗产业

日本是全球医疗强国,在整体医疗水平、医疗资源分配、医生问诊效率、医保公平性及药品管理等各个方面表现极佳。日本人的健康长寿和其先进的医疗水平、完善的医疗体系有着密不可分的关系。自 1956 年开始,日本政府就以法律的形式明确了医药分离制度,并不断提高医生薪资水平,成功遏制了以药养医和过度医疗的现象。尤为值得中国借鉴的是,在日本的医疗体系中,社区医疗体系表现尤为出色。在规模为 1 万人以下的医疗社区,全科医生负责为居民诊疗;而在 1 万人以上的社区,全科医生和专科医生共同为居民提供医疗服务。这种完善的体系不仅解决了大量医学毕业生的就业问题,还推动了经济的健康发展。此外,日本还设立了相对独立的保健系统,实现了专业保健师社区全覆盖,负责为居民提供疾病预防与保健等相关常识的普及。这一完善的社区医疗保健服务体系为国家医疗保障体系奠定了坚实基础。

4. 护理产业

与其他发达国家相比,日本社会突出的特征之一在于其不仅是人口老龄化程度最高的国家,也是老龄化发展速度最快的国家。为应对快速和深度老龄化的现实,日本政府于 2000 年实施了长期护理保险制度,完善社会化养老的制度体系,极大地推动了护理产业的发展。2000 年,介护老人福祉设施和保健设施数量分别为 4463 件和 2267 件,到 2016 年,这两项数据分别增长至 7705 件和 4241 件,分别增长了 72.6% 和 87.1%(邓世康和王培刚,2023)。护理产业的快速发展为日本社会创造了大量就业岗位。据厚生劳动省的预测，到 2025 年护理人员的数量将达到 250 万。

4.1.2　日本健康产业发展的主要动因

日本康养产业的发展具有较为深刻的复合型背景，是日本国内人口结构转型、消费结构升级、经济发展需求和政府政策等多方面因素共同促成的。

1. 日本康养产业发展的人口因素

在某种意义上，中日两国的人口转变的历程具有很大的相似性，差异则在于日本开启"后现代"人口转型的时间比中国提前了近 40 年，这也使日本在主要的工业化国家中人口老龄化程度最深而发展也最快。日本的人口老龄化在第二次世界大战（以下简称二战）后 30 年间问题并不突出，但从 20 世纪 70 年代中期开始，其增长速度迅速加快。1950—1960 年，日本总人口中 65 岁以上人口所占比重仅在 5% 左右，到 1985 年，该数值快速突破 10%。此后并长期保持 15% 左右年均增速。到 2015 年，65 岁以上人口占总人口的比重已经达到 26%，进入深度老龄化社会（孟双见和吴海涛，2005）。根据联合国 2017 年公布的《世界人口前景展望报告》，到 2050 年，日本 65 岁以上老年人口的比重将达到 36.4%。

与此同时，日本的少子化同样突出。二战后日本一度短期实施鼓励生育的人口政策，总和生育率曾高达 4.54。但很快政策逆转，转而鼓励计划生育和节育，以防止人口过剩。到 20 世纪 60 年代综合生育率已跌至 2.04，处于更替水平之下。此后婴儿潮一代出生的人口进入生育高峰，迎来第二次婴儿潮，总和生育率在 1971—1974 年短暂回升至 2.13 后再度掉头向下。2005—2010 年，日本人口自然增长率由正转负，人口开始负增长。到 2015 年，总和生育率仅为 1.4。2021 年日本全年婴儿出生数量仅为 81 万，创 1899 年有统计以来的历史新低。（宋金文，2022）

日趋严峻的老龄少子化使国家财政在医疗、养老上的负荷加重，也引发了经济结构和居民消费结构的转变，催生了国民对医疗卫生、健康护理、健康食品及养老服务等健康产品的消费需求，触发了相关健康产业的快速发展，从而构成了推动日本健康产业快速发展的重要社会现实因素。

2. 日本康养产业发展的经济动因

日本康养产业得以充分发展，除得益于国民健康需求的持续提升之外，很大程度上也源于政府的高度重视。自20世纪80年代后期以来，日元升值造成日本出口受阻，全球竞争的加剧也使日本工业制成品的竞争力大不如前，经济长期陷于停滞。因此寻求新的经济增长点成为日本政府的首要考虑，康养产业规模庞大且可持续性强特点使其成为历届日本政府重点发展的领域。

在经济普遍较为富裕的日本社会，不仅国民的健康需要持续升级，更有坚实的经济基础将这种需要转化为现实的市场需求。2010年，日本经济产业省将扶持医疗、护理、健康等产业发展作为推进产业结构升级的计划之一。2013年，日本政府将医疗和康养产业定位为经济增长战略的新的重心。世界银行统计数据显示，日本康养产业的增加值占GDP的比重已超过10%，仅疗养产业每年产值就高达3000亿美元。

随着生活品质的提高和消费能力的增强，人们对于健康的关注度有了显著的提升。日本民众的消费结构也开始发生转变，他们更愿意购买更多的保健产品、医疗器械以及健康服务，以此来改善身体素质和预防各种慢性疾病。厚生劳动省的统计数据显示，日本每个家庭每月在保健产品及服务上的支出持续增长。20世纪60年代中期，每个家庭每月在保健医疗方面的消费支出还不足2000日元，然而在此后的30年间，该部分支出增长了近7倍（邓世康和王培刚，2023）。康养产业的持续繁荣，也为日本提供了大量的就业岗位。根据2016年商业活动经济普查的数据，日本康养产业的企业数量和雇用人数仅次于批发零售业和制造业，在日本标准工业分类组别中位列第三。

4.1.3　日本康养产业发展的积极影响

康养产业的发展，从宏观方面讲，关乎国家健康人力资本的提升和人口再生产的有序循环；从微观方面讲，与个体生命的生老病死紧密相关。日本康养产业的发展催生了新的消费市场，形成了新的经济增长点。发达的健康服务体系和产业体系既满足了日益增长的健康消费需求，又提高了国民生活福利水平。目前，康养产业已经成为推动日本经济社会持续发展的重要力量。

1. 提升国民健康人力资本，延长人均寿命

平均预期寿命是一项反映保健福利水平的重要指标。日本康养产业的发展改善了国民的饮食结构，提高了国民的健康水平和身体素质，不仅国民平均身高等身体指标明显提高，而且还极大地降低了癌症、心脏疾病、脑血管疾病三大死亡因素造成的死亡率，使国民的平均寿命得以延长。根据联合国发布的人口数据统计，从 20 世纪 40 年代迄今，日本人均寿命大约延长了 30 岁有余。2016 年联合国的统计显示，日本男性人口的平均寿命已经达到了 80.98 岁，女性人口的平均寿命为 87.14 岁。预计到 2050 年，日本男性的平均预期寿命为 85.35 岁，女性为 91.8 岁。

2. 有效应对老龄化，提供大量就业机会

作为世界上老龄化率最高、老龄化速度最快的国家之一，日本在长期应对老龄化的实践中，形成了与老龄化社会相适应的医疗、健康、保健、看护等康养产业，也因此吸纳了大量劳动力就业。在老年人看护领域，日本政府非常重视养老服务的专业化，在每个细节领域都有专门的企业提供产品和服务，逐渐形成了家庭养老、居家养老和机构养老 3 种养老模式，其中机构养老按照老年人类型不同和需求不同，又分为特别养护老人院、养护老人院和低收费老人院等类型。一方面，规范从业人员资格，要求管理人员和护理人员必须接受专业培训，持证上岗；另一方面，很多大学都开设了老年福利、社会工作等专业，为养老服务机构提供源源不断的人才供应。目前，康养产业已经成为日本国民经济中最具活力、最有发展前途的产业之一。该行业的企业及机构数量急速增长，创造了大量的就业岗位。

3. 政府和市场有效作用，切实减轻财政负担

20 世纪 60 年代，日本确立了"全民皆保"的社会医疗保险制度，这一全面覆盖的制度有力地促进了日本社会的稳定和国民素质的提高，成为二战后日本经济高速发展的重要制度保障。然而，随着人口老龄化、少子化现象的加剧，医药费用攀升，保险费用严重不足，社会医疗保险连年赤字，陷入运营危机，大量的补贴也给财政施加了沉重的压力。

在后续的医疗制度改革过程中，日本政府鼓励私人部门参与到医疗健康的行列中来，通过引进市场的力量以缓解过重的财政负担。根据日本经济产业省的估算，2016 年日本健康产业市场的规模达到 25 万亿日元，2020 年市场规模进一步增至 27.6 万亿日元，预计 2025 年将进一步大幅增加到 33.1 万亿日元，是日本十余年来少有的长期保持高增长的产业领域（邢鸥和张建，2020）。在日本康养产业领域，政府作用和市场机制双轮驱动，在卫生资源的配置过程中相互补充，共同推动着康养产业的发展。这不仅减轻了政府的财政负担，多样性的产品和服务还满足了日本居民对于不同层次卫生医疗条件的需求。

2000 年，中国正式进入人口老龄化社会，成为世界上第一个进入人口老龄化社会的发展中国家（王伟，2007）。中日两国虽然经济发展水平有一定的差异，但两国的人口转变、消费结构升级趋势却有相似之处。日本在康养产业发展方面的经验值得中国借鉴。

4.2　中国的消费结构升级

国家统计局数据显示，2020 年我国 GDP 总量突破 100 万亿元大关，人均 GDP 突破万美元大关，居民人均可支配收入达到 32189 元（其中，城镇居民人均可支配收入 43834 元，同比增长 3.5%，扣除价格因素，实际增长 1.2%；农村居民人均可支配收入 17131 元，同比增长 6.9%）。持续的收入增长推动我国居民的消费结构逐渐从实物消费为主转向实物和服务消费并重的模式。同时，扩大内需、推动居民消费升级已成为推动经济高质量发展、构建新发展格局的重要引擎（宋科等，2022）。2021 年最终消费支出对经济增长的贡献率达到 65.4%，拉动经济增长 5.3 个百分点。党的二十大报告明确指出，"把实施扩大内需战略同深化供给侧结构性改革有机结合起来，增强国内大循环内生动力和可靠性"。

按照马克思和恩格斯对消费资料的划分，将消费对象划分为生存型、发展型、享受型。因此，消费结构的升级主要体现为两个方面：一是整体消费结构的升级，表现为生存型消费在总消费中的占比下降，发展型和享受型消费占比上升。鉴于食品消费在生存型消费中的重要作用，可以通过恩格尔系数粗略地判断消费结构的整体升级趋势。[①] 二是各类消费对象内部从初级向中高级消费品的迁移。同时，消费结构的升级最终依赖于居民收入水平的提高。改革开放以来，伴随经济的快速增长和收入水平的持续提升，按照有关学者的归纳，我国已经历了四次消费结构的升级。

---

① 恩格尔系数通常用于来衡量一个国家和地区人民生活水平的状况。根据联合国粮农组织提出的标准，恩格尔系数在 59% 以上为贫困，50%～59% 为温饱，40%～50% 为小康，30%～40% 为富裕，低于 30% 为最富裕。

4.2.1 20世纪70年代末至80年代中期的"温饱型"消费升级

计划经济时期，受国家偏向生产资料部分发展思路的影响，国家投资主要聚焦于钢铁、化工、煤炭、军工、机械等重化工部门，"吃穿用"等轻工业部门发展极不充分，消费品供给严重不足，消费品市场呈现出典型的"短缺经济"的特征。另外，在缺乏外部积累的条件下，国家主要通过工农产品剪刀差和压低企业职工工资的方式完成资本积累，城乡居民收入均处于较低水平，从而导致有效需求不足。改革开放之后，消费对于国民经济循环的重要性才受到应有的重视。采取的措施是同时从供需两侧入手去促进消费增长。在需求方面，改革工资制度，并对农产品价格进行调整，以提升居民消费能力；在供给方面，着力发展农业和轻工业，为消费升级提供市场供给支撑。主要用来满足吃、穿、住等方面的生存型需求。从食品消费看，人均食物消费量大幅提升，副食品占比显著增加，同时高收入群体对食品质量的要求也有所提高。从服装消费看，棉布、布制品等低档纺织品需求下降，化纤、呢绒、绸缎、毛线、皮革等制品的需求大幅增长。而最重要的消费结构升级则体现在以自行车、手表、缝纫机等商品为代表的"老三件"耐用品的需求快速从起步、发展再到饱和，长期被压抑的消费需求呈现"井喷式"增长。在此阶段，居民年人均消费水平从1978年的184元上升到1985年的440元。

4.2.2 20世纪80年代末至90年代中期的"小康型"消费升级

随着对外开放的逐步深入，我国进出口贸易在20世纪80年代显著改善，大量国外消费品得以进入国内市场；同时大量外资着眼于中国庞大的市场开始大规模进入中国，丰富了消费品的市场供给。消费升级的特征主要表现为：生存型消费特征由"数量补偿"转变为"结构调整"，从"吃饱、穿暖、用足"的基本满足转向"吃好、穿美、用便"；耐用消费品需求由"老三件"转向彩电、冰箱、洗衣机为代表的"新三件"，人民生活水平显著改善。

4.2.3　20 世纪 90 年代末至 2011 年的"发展享受型"消费升级

20 世纪 90 年代末期，市场化改革全面推进，尤其是住房市场化、医疗体制改革和高等教育扩招，极大地改变了居民消费结构，住房支出成为消费大宗，教育、医疗、旅游、休闲娱乐等服务类需求的占比也快速提升。居民消费理念、消费行为逐渐与国际接轨，住房信贷和消费信贷等金融手段的普及进一步提升了消费能力，私家车成为新的消费热点，通信、互联网的迅速发展和普及改变了居民的消费方式，电子商务、线上消费等新业态新模式层出不穷。国家统计局数据显示，2010 年，居民年人均消费水平突破万元大关。2012 年，我国社会消费品零售总额已达20 万亿元级规模，居民年消费水平进一步上升到 14074 元，城镇居民人均消费水平首次突破 2 万元。

4.2.4　2012 年至今的"新消费"升级

进入新时代，人民对"美好生活需要"的范围、层次和品质都更加丰富。"我们的人民热爱生活，期盼有更好的教育、更稳定的工作、更满意的收入、更可靠的社会保障、更高水平的医疗卫生服务、更舒适的居住条件、更优美的环境，期盼孩子们能成长得更好、工作得更好、生活得更好，人民对美好生活的向往，就是我们的奋斗目标"。为解决发展不平衡不充分的问题，国家大力推进供给侧结构性改革，推动经济高质量发展。同时，随着移动互联网、大数据技术等的深度融合渗透和新发展理念、健康中国等国家战略的提出，推动我国消费进入以"智能化""个性化""健康化""绿色化"为特征的"新消费"阶段。

4.3 消费结构升级背景下的中国健康需求释放

消费升级是一个供给和需求不断上升并实现二者更高层次匹配的过程。市场供给决定消费的可能商品，而购买力支撑下的消费需求决定了消费的实现。政策的有效配合则有助于供需匹配，为消费升级提供制度保障。

4.3.1 中国居民健康消费变动趋势

1. 健康支出进入高速增长期

健康支出不仅包含疾病诊断、治疗、康养和预防等医疗保健支出，还包含健康运动、休闲娱乐、膳食营养、旅游等方面的部分消费支出（杨振等，2017）。这就使精确核算康养产业规模变得极为困难。但基本上达成的共识是，医疗保健支出构成了康养产业最核心的部分，因此可以将"医疗保健支出"作为健康消费支出的替代指标，主要包括医药、医疗用品和服务、保健产品和服务、医疗保健器械的使用和修理等费用。

国家统计局数据显示，2012—2021年，我国人均医疗保健支出呈上升趋势，由710元升至2115元，而人均医疗保健支出占总消费支出的比重也逐年上升。从时间段来看，2012—2015年，我国人均医疗保健支出呈现稳步增长态势，年均增长113.75元，占总消费的比例累计上涨0.6个百分点。自2015年"健康中国"战略提出以后，人均医疗保健支出开始高速增长，其中2018年涨幅最大，达16.1%，年均增长184.25元，占总消费的比例累计增加了 1.2 个百分点。2020 年因受疫情影响，各项消费支出均有所下滑，人均医疗保健支出首次出现负增长。尽管如此，人均医疗保健支出的增速依然在各项消费支出中居首位，这表明人们更加注重疾病治疗和健康维护，国民医疗消费负担加重，对健康的消费意愿也日益提升（刘伟和聂蕊，2023）。从西方发达国家的经验看，这一高增速有望长期持续。

2. 健康消费结构从生存型向发展—享受型转换

生存性健康支出主要指用于疾病治疗等的健康修复费用。而发展—享受型健康支出则主要用于健康建设，如运动、旅游、健康管理、疾病预防、营养保健等方面的支出。得益于国民收入水平的不断提升，当生存型健康需求得以满足后，日常保健、健康监测、健康促进、养老等投资型健康诉求驱动消费支出增加，人们将资金转向满足更高层次的享受型健康需求，健康支出结构从疾病诊治为主扩展到"防—治—养"多元结合。保健、健康养老、健康管理服务等领域的投资型消费比例逐渐提高，给健康行业带来了新发展机遇。从 2020 年健康产业的市场规模来看满足生存型健康需求的医药、医疗行业的占比之和为 63.44%，而满足投资型健康需求的健康养老、保健品、健康管理行业的占比总和为 36.56%，相比 2012 年投资型健康需求所占比例提升近 10 个百分点。一方面表明生存型健康需求占比虽然有所下降，但疾病诊治仍是人们维持基本健康水平的第一大健康开支，医药、医疗行业依然占据市场一大半；另一方面表明人们的健康支出向投资型健康需求偏移，以预防疾病和提升健康水平为宗旨的投资型健康需求扩大了保健品、健康养老、健康管理服务行业的市场规模，也从侧面反映出我国人口老龄化程度之深，精神慰藉、日常照料、生活护理等养老服务方面的需求与支出加大，健康养老行业的发展进程加快。

3. 消费方式从传统业态转向新兴业态

随着人们生活水平与健康素养的提升，维护健康的方式已从有病治病转为无病预防，健康消费需求从传统的疾病治疗拓展到疾病预防、疾病治疗、健康维护与健康提升等多元化、品质化需求。在人工智能、移动互联、大数据等现代信息技术的驱动下，"互联网＋"与医疗、体检、健身、食品、保健、旅游等领域相融合的新兴消费业态层出不穷，一系列健康产品与服务应运而生，个性化医疗、休闲健身、养生保健、健康膳食以及依托数字技术为用户提供有效、精准服务的健康管理平台已成为新趋势，健康消费模式也从线下逐渐转到线上、线下相融合，一系列的升级变化源于健康消费群体的日渐壮大与健康诉求的更新扩展，推动了传统健康领域的转型升级。

同时，保健品市场迎来新热潮，居民保健类消费支出以年均15%～30%的速度增加，远超发达国家的增速，且健康消费更趋向年轻化、数字化。Early Data 数据显示，2021年我国电商平台的保健品销售额高达754亿元，相较2020年增长21.3%，26～35岁人群成为保健器械产品的消费主力军，表明健康保健早已不再是老年人的专利，自我养护人群呈加速扩散的态势，年轻人的自我保健意识与消费能力推动着保健市场快速升温。

4.3.2 健康消费快速增长的动因

健康不仅意味着身体健康，还包含心理、精神、生理、社会、环境等多方面的健康。随着人民生活水平和健康意识的逐步提升，对健康产品和服务的刚性需求也日益增长，在健康中国战略下，健康产业将迎来新一轮消费热潮，具体有"五大动力"助推健康消费的升级和规模扩张。

1. 新冠疫情催生健康消费新需求

2019年底，突如其来的新冠疫情加重了社会经济与国民健康的负担，诊疗与防护需求激增，给医疗健康行业带来多重挑战与契机。疫情的高传播性和不可预测性，以及人们对疾病和失业的恐惧，引发了抑郁、焦虑、失眠等一系列心理障碍和精神疾病，严重危害其心理与精神健康。这一外生冲击，有效提升了国民的健康素养与健康消费意愿。

2. 人口结构变动激发健康消费新潜力

随着生育政策的不断完善，母婴营养健康及专业护理的需求增多。即便生育率下降，0～3 岁婴幼儿数量仍稳定在 6000 万人左右，消费群体依然庞大。近五年，母婴健康市场规模的年均增速约 15%，2020 年市场规模达 39193 亿元，比 2016 年增长 75.9%，"母婴经济"的发展潜力巨大（智妍咨询，2021）。与此同时，我国人口老龄化进程不断加剧，2021年，我国 65 岁以上人口比例为 13.5%，已步入深度老龄化阶段，是全球老年人口数量最多且老龄化增速最快的国家。一方面，失能与半失能老年人越来越多，独居和空巢老人增至 1.2 亿人左右，医疗、养老、保健及护理服务等成为消费热点；另一方面，国家积极倡导"健康老龄化"，引导老年人树立积极的健康观并提高身体素养，激发了老年人对健康的消费倾向及健康产业的创新动能，老年人的消费更追求健康化、便利化与品质化，其人均消费已超过全体居民平均水平。老年人健康消费的市场潜力巨大，应增进市场活力与老年人福祉，助推"银发经济"的发展。

3. 居民收入提升诱发健康消费新升级

我国人民生活整体已达到小康水平，居民消费更偏向追求健康与提升生活质量。据测算，人均 GDP 每增长 1 万元，卫生健康支出占比将提高 1%（郑建清，2019）。国家统计局数据显示，2021 年，我国人均 GDP 为 12359 美元，人均可支配收入超 3.5 万元，人均消费支出为 24100 元，其中医疗保健支出占 8.8%。收入的持续增加提高了居民的健康消费能力，催生了更高层次的健康消费需求，同时对健康产品及服务价格的敏感度也随之降低，甚至有些非理性消费者愿意为健康而溢价买单。收入的提升会拓宽健康消费的选择空间，滋生个性化、高端化需求，推进健康消费新升级。

4. 疾病谱变化掀起健康消费新热潮

目前，我国患病人群占比近 20%，亚健康人群占比也升至 75%。98.8% 的城市白领处于亚健康状态，且患病人群逐渐向年轻群体偏移，造成这种现象的主要原因是中青年群体的工作和生活压力普遍较大，且不注重饮食和锻炼，因此，多元化健康需求随之而生，其中按摩、健身、心理健康、健康饮食的需求较为旺盛（吕岩，2011）。与此同时，疾病谱也发生了巨大变动，慢性病经济负担急剧加重，占总疾病经济负担的 70%。源于亚健康与慢性病群体的激增，居民更加注重疾病预防，对提高免疫力、抗疲劳、健康体检与管理、康复医疗等方面的健康需求日益高涨，且具有长期消费、重复消费的特点，势必会掀起健康消费新热潮。

5. 健康数字化助推健康消费

随着新时代信息技术的普及和应用，人们逐渐将健康管理、健康医疗转向网络，线上购买药物和器械、人工智能疾病筛查、在线咨询问诊、保险直付等数字化健康消费越来越普遍。数字健康需求的不断提升也倒逼物流行业、医疗行业进行信息化改造与数字化升级，大幅提高了健康类商品和服务的可及性。

4.4　我国康养产业的供需结构

4.4.1　康养需求

国家统计局官方公布的数据显示，截至 2016 年底，我国 60 岁以上老年人口达 2.3 亿，在总人口中的占比为 16.4%。2018 年末，我国 60 岁以上人口为 24949 万，占总人口的 17.9%。到 2020 年，老年人口在我国达到 2.50 亿，老龄化水平达到 18.17%，其中 80 岁以上老年人口将达到

3067 万；预计到 2025 年，60 岁以上人口将达到 3 亿，我国将成为超老年型国家。就四川省的情况来看，2018 年四川省 65 岁及以上常住人口为 1181.9 万，占人口总量的 14.17%，首次超过了国际通行的划分标准（14%），这表明四川已进入深度老龄化社会。从攀枝花来看，截至 2017 年末，60 岁以上的老年人达 27.89 万人，在总人口的占比为 22.57%；而西昌的老年人达到 12.86 万人，在总人口的占比为 17.15%。可见，攀西经济区老龄化问题十分严重和突出，给未来的社会保障和经济发展带来巨大挑战。预计未来 20 年，我国老龄人口平均每年将以 1000 万的速度递增，到 2050 年，全世界老龄人口将达到 20.2 亿，其中中国老龄人口将达到 4.8 亿，几乎占全球老龄人口的 1/4，占我国总人口的 1/3。

预测 2030 年，在中国康养产业市场中，老年人的消费需求将高达 20 万亿元，2020 年和 2030 年中国老年产业规模将分别达到 8 万亿元和 22 万亿元，分别占国内生产总值的 6% 和 8%。当前，我国每年为老年人提供的康养生活产品只有 5000 亿~7000 亿元，有近 84% 的老年需求还未得到满足。在发达国家，康养产业已经成为带动整个国民经济增长的强大动力，康养产业增加值占国内生产总值的比重超过 15%，而我国当前，康养产业仅占国内生产总值的 4%~5%，这样的数值甚至低于许多发展中国家。在社会老龄化发展趋势下，除了国家建立完善养老保障体系外，积极发展康养产业也尤为重要。

近年来，根据我国医疗卫生机构总诊疗人次和全国三级公立医院门诊费用统计，国民健康消费支出不断增加，国民健康意识也不断增强。特别是老年人对康复护理、上门医疗以及心理健康咨询的需求特别旺盛，而由此催生的"银色经济"拥有高增速、大增量的万亿市场空间，发展潜力巨大。当然康养的目标群体绝非仅仅是"老人"。从全人群和全生命周期视角，老年人只是康养目标群体的一个分支。随着城镇化、工业化、人口老龄化进程的加快，我国各种疾病显著增加，其中慢性非传染性疾病如呼吸系统疾病、癌症、糖尿病、心脑血管疾病等导致的疾病负担在总疾病负担中，占比已超过 70%，而由此导致的死亡人数在死亡总人数中占比为 88%。

目前在我国有超过 70% 的人均处于亚健康状态，超过 15% 的人均处于疾病状态。平均每 10 秒有一个人罹患癌症，平均每 30 秒有一个人罹患糖尿病，平均每 30 秒有一个人死于心脑血管疾病。居民不合理膳食、缺乏锻炼、吸烟等不健康生活方式极为普遍，因缺乏对健康知识的认知，引起的疾病问题也与日俱增。

随着各种疾病和亚健康病症的日渐增多，居民对康养和养生的需要也越发强烈和迫切。目前，人类对康养的追求从低层次的生理健康逐步转移到多层次、多侧面的要求上来，康养消费需求也由单一的身体疾病治疗逐步扩大到绿色食品、休闲健身、健康保健等多方面。人们也逐渐认识到不仅是亚健康和老年人群体才是康养的目标对象，每个人都可以在生命的自由度、丰裕度和寿命长度的指标体系中，找到自己特定的位置。也就是说，从孕幼到青少年，再到中老年人，各个年龄段的人群，都有不同类型和不同层次的康养需求，因此有必要将社会各群体纳入康养范畴中。

在全民康养新时代，康养的客户群体应该是全龄化的，年轻人需要养生、中年人需要养心、老年人需要养老。同时还需要重点解决好妇女儿童、残疾人和低收入人群等重点人群的健康问题，因此，康养产业的目标客群有银发养老客群（老年人群）、养生保健客群（中青年人群）、医疗康复客群（疾病人群）以及美容康体客群（健康人群）。

据《2019 国民健康洞察报告》最新统计，93% 的公众认为身体健康是最重要的事，公众对于健康的重视程度，远远超过大量的财富和满意的工作。康养需求被视作个人在其整个生命周期内基于维持或提高健康存量为目的的生理、心理和社会需求。民之所望，政之所为。如何让市民通过运动、休闲、健身、度假、养老、养生、医疗等多种途径和方式，使其在社会适应、心灵、身体、生活等方面均处于健康的良好状态，从而为人民群众提供全周期、全方位健康服务，一直是我们党和政府孜孜以求的最终目标和健康管理的宗旨。

近年来党和国家相继下发了《"健康中国 2030"规划纲要》《中医药健康服务发展规划（2015—2020 年)》《关于促进医药产业健康发展的指导意见》《"十三五"健康产业科技创新专项规划》《智慧健康养老产业发展行动计划（2017—2020 年)》等方针政策，全方位支持健康产业的发展，同时多地政府将康养产业的发展列入"十四五"规划中，并纷纷出台鼓励性政策文件。习近平总书记指出：没有全民健康，就没有全面小康。人民对美好生活和全面健康的向往诉求日趋强烈。发展康养产业就是为顺应中国人口老龄化的结构新变化，满足对刚性"健康"需求的长久之计。

4.4.2 康养供给

随着康养需求进入高峰式增长期，国家在政策引导、市场准入、医养结合与服务推进等方面，也及时进行调整，目的是增强对康养需求的有效供给。

首先，在政策上，从 2015 年以来连续下发《中国防治慢性病中长期发展规划（2017—2025 年)》《关于做好医养结合服务机构许可工作的通知》《关于促进医药产业健康发展的指导意见》等几十项政策。这些文件通知，以健康环境建设为基础，以健康管理为重点，以降低和减少可预防性慢性病的高危人群发病风险为目标，从各细分行业的产业发展、技术突破和重点任务等方面进行了详细规划和指导，并通过"放管服"、医养结合、智慧养老、养老目标基金、消费机制完善、个税递延型商业保险等方面的持续推进与改革，着重从政府行为到企业行为，从资本市场到医养落地，使康养政策内容逐渐走向精细化、多元化、落地化发展，以期在制度体系和政策保障上推进健康中国建设，使我国的康养体系设计更加完整、保障措施更完善到位、结构布局更合理、准入标准更扎实可行，从而使健康水平和健康服务质量不断提高。

其次，在市场准入方面，降低准入门槛。中共中央、国务院、国家标准局、国建质检总局和卫健委等部门，先后颁布了《食品安全国家标准　老年食品通则》《养老机构服务质量基本规范》《完善促进消费体制机制实施方案（2018—2020 年)》《关于完善促进消费体制机制　进一步激发居民消费潜力的若干意见》，明确提出公办、符合条件的养老机构开展公建民营或转制为企业，全面放开养老服务市场，实施养老服务机构"一站式"申报服务，并积极开展康养服务质量专项行动，使康养服务更加适于小型化、专业化、连锁化的服务机构，也更加适于就近服务、社区养老等灵活性需求。同时鼓励外资进入我国康养市场，大幅度放宽准入门槛，提升投资的自由化和便利化水平，并在融资渠道、出入境便利、物流成本、知识产品保护等方面提供支持性措施。通过积极鼓励外资对康养市场的进入，从而更好激发并带动我国康养产业高质量发展。

最后，在医养结合和服务推进上，卫健委和中医药管理局等部门先后颁布了《进一步改善医疗服务行动计划（2018—2020 年)》《关于促进护理服务业改革与发展的指导意见》两个文件，通过对医疗、康复、护理与养老服务资源的整合统筹，着力构建"医养融合"的健康养老服务网络，将老年护理、安宁疗护、康复护理等延伸到基层医疗卫生机构，鼓励在"医联体内"实现优质护理服务的有序共享和下沉，并支持有条件的养老机构与二级以上医院建立合作机制，按规定举办医务室和护理站等。同时国家卫生计生委、工业和信息化部、民政部于 2017 年 12 月颁布了《2017 年智慧健康养老应用试点示范名单》，包括可供示范的智慧健康养老基地 19 家，企业 53 家，示范乡镇（街道）82 个。2018 年 12 月《关于公布第二批智慧健康养老应用试点示范名单的通告》中包括智慧健康养老示范基地 10 家，示范企业 26 家以及示范乡镇（街道）48 个。2019 年 4 月国务院办公厅颁布了《关于推进养老服务发展的意见》，在对接康养需求基础上，以寻求供给的精准匹配，提高供给质量和精准度，从而大力推动养老供给结构不断优化，使养老服务质量持续改善。

在人们康养需求不断扩大的趋势下，社会上康养产业得到了快速发展，规模不断扩大。康养产业从最初的以政府公共服务为主导的养老和医疗产业逐渐演变为集养老、医疗、金融、旅游、制造、保险等于一体的系统性行业。

2014 年，民革中央成立"康养产业发展问题联合调研组"，分别赴河北省秦皇岛市与四川省攀枝花市开展专项调研活动，同时举办"中国康养产业发展论坛"，集中讨论康养产业发展中的各种问题，共同探索康养产业的发展道路，增强康养产业供给能力，让新的需求不断推动新的供给，让新的供给不断创造新的需求，在互相促进中实现加快经济发展，并从提高供给能力和供给质量出发，坚持以创新为驱动、以市场为导向，用改革推动结构调整，使资源得到最优配置，在提升康养产业知名度和普及度的同时，实现康养产业集群化发展。

在多重有利因素的综合作用下，我国康养产业的市场需求正快速释放，并将长期持续。张车伟等（2018）根据《国民经济行业分类》标准，将涉及大健康产业的行业目录，分别从门类、大类、中类和小类中区分出来，依据 2012 年的"投入产出表"和 2015 年"投入产出表延长表"计算了居民医疗、保健消费、政府医疗、卫生支出、社会卫生支出和老年人非医疗保健消费等各项支出的数值和所占比例。计算结果表明，2012 年大健康产业增加值为 41742 亿元，占 GDP 的比重为 7.72%，2016 年增加到 72590 亿元，占 GDP 的比重提高到 9.76%。同时基于高、低两种方案对康养产业未来的增长态势进行了预测。预测结果表明，到 2025 年，在低增长率情形下，康养产业增加值将达到 17.4 亿元，占 GDP 的比重达到 11.1%；2030 年增加值将达到 29.1 亿元，占 GDP 的比重进一步上升到 13.1%。而在高增长率情形下，到 2025 年增加值将达到 17.9 亿元，占 GDP 的比重达到 11.4%；到 2030 年，增加值将达到 28.5 亿元，占 GDP 的比重达到 12.9%。

第5章　康养产业发展的典型模式
与演进趋势

每一产业的发展都有自身的演化过程，康养产业也概莫能外。随着康养产业发展所处生命周期的不同，以及外部环境和影响因素的变化，推动康养产业发展的主要驱动力也将体现为一个不断转换和演进的过程。在当前的产业实践中，已经涌现出了多种产业发展模式，本章将对几种主要的典型模式进行总结，同时对未来的发展模式进行前瞻性的分析。

5.1　康养产业发展的典型模式

5.1.1　优势资源驱动模式

在产业生命周期中，要素驱动模式多见于初创期。这些基本的生产要素，可能是先天形成的自然资源，或是适合农作物生长的肥沃土壤及光热条件，或是丰富而廉价的劳动力。在这一阶段，产业发展的驱动力简单、产品（服务）单一，具有经营管理边界清晰、受众群体广等优势，同时也具有产业发展松散、技术含量偏低、规模突破困难等问题。因此，随着产业的发展，将历经产业转型，被其他的产业发展模式所取代。

按照迈克尔·波特（2012）的分析，生产要素包括初级的生产要素（如一般的人力资源和天然资源）和被创造出来的高级要素（知识资源、资本资源和基础设施）。初级要素是通过是先天赋予（如矿产资源的天然赋存）或被动继承的（如大量过剩的劳动人口）。初级要素对维持竞争优势的作用随着经济的发展而不断下降。一方面由于技术的发展，对初级要素的需求减少；另一方面初级要素通常具有广泛的来源，靠初级要素获得的竞争优势难以持久。而高级要素才是竞争优势的长远来源。高级要素的获得需要长期地对人力资本、物质资本的投资才能得到。要创造高级要素，创造机构本身就需要高级的人力资源和技术资源，因此高级要素资源相对稀缺，在全球市场上较难获得。此外，迈克尔·波特还将要素划分为专业化要素与一般要素两类。就获得或维持竞争优势而言，专业化要素比一般要素更为重要。一般要素是一些适用范围广泛的要素，如交通基础设施，受过良好教育的高素质劳动力群体雇员。专业化要素则是指专门领域的专业人才，具有特殊用途的基础设施等。同时，当专业化要素变得容易获取或获得普遍的使用时，就实现了向一般要素转化，而新的专业化要素也将不断地涌现。

对康养产业而言，驱动其成为独立的产业形态的基础要素通常是不同的康养资源禀赋。康养资源主要包括具有地域特色的物产资源、林草资源、水资源、气候资源等天然资源。依托冰雪资源，东北地区得以发展冰雪康养；依托气候和光热条件，攀枝花力推阳光康养；依托温泉资源，贺州重点发展温泉康养。其他如森林康养、中医药康养、特色农业康养等业态的出现，莫不遵循同样的发展逻辑。

不同的资源禀赋构成了康养产业的本底和依托，也是产业发展早期差异化竞争优势的主要来源。由于康养资源具有典型的区域分布不均衡特征以及不可移动特征，资源优势驱动模式下的康养产业往往基于某一区域的康养资源发展和聚集。然而，如果不能摆脱对基础资源的依赖，实现高级（专业化）要素与基础资源的重新组合，升级服务或产品，则发展的空间必将受限。在资源优势并非不可替代的情况下，地方康养产业在经历短期快速发展而后止步不前甚至又快速衰败的情况并不鲜见。

在经历初创阶段的快速增长阶段，康养产业初步建立了具有区域特征的差异化康养服务或产品，拥有了一定范围的客户群体，同时其示范效应也带动了新竞争者的进入，市场竞争趋于激烈。单纯依赖区域性康养资源建立起来的竞争优势很难长期维持。一个产业或企业要保持它的竞争优势，就应该主动摆脱其初创期对初级生产要素优势的依赖。康养产业的进一步发展必然寻求新的动力。

5.1.2 资源组合驱动模式

对于康养产业而言，由于其天然具有的横跨三次产业的包容性特征，使融合发展成为康养产业在进入成长期的新发展动力。康养产业的融合发展意指：通过康养优势资源与更多要素的新结合，或对康养优势资源价值的再发掘与资源重组，或与关联产业建立协同而升级康养服务（产品），催生新的产业形态和商业模式。

1. 康养优势资源与新要素的融合

康养优势资源与新要素的融合能够催生新的服务（产品），或能提升原有优势资源的价值。前者通常基于优势资源与专业化生产要素（迈克尔·波特，2012）的融合。例如，在诸如森林康养、温泉康养、阳光康养中引入专业化的心理咨询、康体护理、医疗保健等催生了医养结合的新业态。后者则通过优势资源与一般性（通用性）生产要素的结合而实现。例如，大规模的基础设施建设提升了到达康养目的地的便利性，改善了景区环境；信息技术、人工智能、大数据等现代技术向康养产业的渗透改善了消费者的体验，降低了企业的营销成本，扩大了客户群体，均有助于提升优势资源的价值实现。

总体而言，与一般性生产要素的结合可在短期内见效，但缺点在于易被模仿，优势难以持续维持。同质化竞争格局的形成多与此有关。专业化生产要素则能提供更具决定性和持续性的竞争优势，但缺点在于专业化生产要素的形成有赖于持续、大量的投资和一个有利于专业化生产要素形成的社会环境。

2. 对康养优势资源价值的再发掘与资源重组

对康养优势资源价值的再发掘同样有利于形成更多样化的服务或产品，以覆盖更广泛的客户群体，实现产业边界的拓展。传统产业的设备、人力资本、技术等要素通常具有明显的资产专用性，在这类资产用于特定用途后将很难再用作其他性质的资产，若改作他用则价值会降低，甚至可能变成毫无价值的资产。康养产业所依托的特殊资源通常具有多方面的使用价值，即资产通用性较强，对之进行有针对性的产品开发就可以满足不同群体的需求，从而能适应新的客群细分和定位，提升其商业价值。

攀枝花对其阳光资源价值的充分挖掘为此提供了很好的例证。该地属南亚热带干热河谷气候，年均日照达 2754 小时，无霜期 300 天以上，年均气温 20.4℃，夏无酷暑，冬无严寒。因此在其发展康养产业的早期阶段，主要的客户群体被定位为国内冬季气候寒冷，空气潮湿城市的老年人口，吸引候鸟老人来此过冬。另外，其独特的气候资源为竞技体育和群众体育的开展创造的良好条件，在缓解呼吸道、风湿等慢性疾病的功效逐渐被重视，从而催生了"康养 + 体育""康养 + 医疗"的新业态。

对康养资源的重组是指，通过对多种基础资源的整合提升整体的资源优势，从而提升其竞争优势，也为更多服务和产品创新提供了条件。以攀枝花为例，该地在此方面着力颇多，其对康养"六度"禀赋的打造已广为人知。在其"六度"禀赋中的每一个维度，即海拔高度、温度、湿度、优产度、洁净度与和谐度，均非完全的不可替代，然而"六度"禀赋的合而为一却大大提升了该地康养资源的整体优势，巩固了其竞争优势。更为重要的是，优势资源的集成为需求日趋多样化的不同群体提供不同的康养服务和产品提供了基础性支持，促进康养服务（产品）的功能分割走向多功能整合，为更高的价值增值创造条件。正是这一努力使该地康养产业在经历早期以老年群体为主的探索后，很快地转变为

"全域化布局""全龄化覆盖""全时化开发"的发展战略，极大地促进了康养产业的发展。

3. 与关联产业建立协同关系

康养产业与关联产业建立协同关系是指：康养与农业、林业、医疗、旅游、文化、运动、养老等传统产业深度融合，从而促进了产业的多元化、多层次、全链条发展，并为大康养产业生态圈的构筑奠定了基础。近年来，诸如"康养＋农业""康养＋工业""康养＋旅游""康养＋医疗""康养＋运动"等融合发展模式不断在理论层面和产业实践中得以展开，已充分说明这一趋势将在一个较长的时期内主导国内康养产业的发展趋势。这一持续推进产业融合发展进程，将不断衍生出新的康养产业发展业态，进而推进康养产业整体的迭代升级。

5.1.3 跨区域市场融合发展模式

前述两种模式侧重于从产业自身角度展开分析，涵盖了产业从初创期到成长期的发展。但却忽略了康养产业的一个重要属性，即康养产业以服务业为主的属性。这意味着大多数康养服务的生产和消费在时间上具有同一性，供给者和需求者在空间上具有接近性。同时，康养产业对于特定地区优势康养资源具有较大的依赖性。三者共同决定了康养服务的辐射范围远远小于贸易性更强的有形产品，且在很大程度上受到交通、通信等基础设施水平的制约。在此背景下，康养产业如何更有效地开拓更广阔的市场空间，就成为一个亟待解决的问题。产业实践对此的回答是：走跨区域市场融合的发展模式。

迈出这一步的难度对不同的企业而言存在显著的差异。对于严重依赖本地康养优势资源而取得成功的企业而言，跨越本地市场意味着之前独特竞争优势的丧失，其先前的发展模式难以复制。要想获得成功，要求企业具有更强的适应性、学习能力和应变能力，其风险无异于跨越

"卡夫丁峡谷"。对于已摆脱对优势资源的依赖而将竞争优势建立在更高层级的企业而言，跨区域的市场融合发展意味着获取更广阔的市场空间，更挑剔的客户群体，更多样化的需求环境。这一系列的变化将向企业传递巨大的压力，促进企业追求更高质量的产品、更精致的服务，持续地提升其竞争优势。此外，那些获得成功的企业，还将在跨区域市场实现其核心能力与当地优势资源的再结合，产生新的商业模式、服务标准和产业形态。考虑到跨区域的市场整合是一个双向的过程，而非一方对另一方单向的渗透，因此，借由跨区域市场整合，康养产业发展面临的区域障碍将被逐步打破，有利于推进区域间的优势互补、合作共赢。通过合理的劳动分工与经济协作，使经济要素在市场竞争中动态流动、灵活配置，从而产生整体聚合能动效应，并实现区域经济、社会和资源环境可持续发展的最终目标。

在外部环境上，交通基础设施水平的快速提升、现代信息技术的广泛渗透，均为康养产业的跨区域市场融合创造了条件。在政策层面，随着加快建设全国统一大市场步伐的加快，制约康养产业跨区域市场融合发展的政策瓶颈将逐步破除，康养产业的跨区域融合发展将呈现快速发展的态势。

5.1.4　智慧康养发展模式

现代信息技术是近一个世纪来最具革命性的技术创新。在其诞生之初，信息技术是一种高度专业化的高级生产要素。以这种突破性技术创新为基础，全新的产品得以被发明，新的市场需求被开拓。但随着其不断向其他产业快速广泛地渗透，到今天已经成为几乎所有行业都离不开的一般性生产要素。鉴于此，在前文的分析中才把信息技术与康养优势资源的融合视为要素融合的一般情形予以论述。但鉴于信息技术对传统康养产业的影响是如此的深刻而广泛，又不得不分而论之，并将"智慧康养"作为一种发展模式予以突出强调。

智慧康养实质上是一种状态与技术的结合或需求与供给的结合，智能技术是供给侧的核心要素，而康养状态决定了客观需求。它是以先进的信息管理技术、无线传感网络、可视化通信、人工智能、大数据、区块链等技术手段为基础，通过技术渗透或扩散而深度嵌入康养产业中。在催生出新的康养业态的同时，实现信息与资源的共享，跨越时间、空间与人群边界，将康养人群、康养资源、康养企业、康养产品、医疗机构、政府、服务机构等整合成一个有机整体，为各类康养人群提供更便捷、更多样、更契合需求的服务，推动着产业向实时化、场景化、智能化、定制化方向发展。

当下正在发生的产业实践已经表明，率先推进产业数字化转型的康养企业相对于传统企业已享有"代差"优势，并推动企业价值创造的核心环节从物质流向信息流的迁移。独特的资源优势与专业性生产要素在信息技术的加持下，构筑更加坚固的竞争壁垒。

5.1.5　产业生态圈发展模式

自 1993 年穆尔（Moore）首次提出"商业生态系统"概念以来，国内外学者逐渐建立和拓展产业生态圈研究领域。依据袁政（2004）提出的产业生态圈概念，结合康养产业的特性，"康养产业生态圈"可被定义为：一定地域范围内以康养产业为核心，具有动态开放性和关联融合性的地域产业多维网络体系。产业生态圈具有开放、合作、有序、共生、共享、共赢的特征，是一种新型的产业发展模式和布局形式。康养产业生态圈发展模式超越了过去的上下游产业链拓展模式与产业集群打造模式，是一种更高层次的康养产业发展新模式。

5.2　康养产业发展模式的演进趋势

需要说明的是，上述五种发展模式并非康养产业的线性演化图谱。

受政策环境、资源禀赋、需求状况、技术创新等多方面因素的影响，康养产业自身的演化具有动态性复杂性的特征，并表现出以下演进规律。

5.2.1　产业结构由单一走向融合

康养产业在发展早期通常对于当地独特的资源禀赋具有较大的依赖性，产业形态和收入来源均较为单一，产品和服务的附加值也较低。随着产业的自身演化，围绕产业链的纵向和横向联系逐渐加强，产业边界日趋扩大，多业共生、混业发展的趋势推动康养产业形态由单一走向融合（李莉和陈雪钧，2020），推动康养产业结构向高级化方向演进。

5.2.2　产业分布由分散走向聚集

康养产业进入门槛较低而市场需求分布广泛，因此在发展早期各地均积极自发布局康养产业，以求占据先发优势，由此使全国康养产业的区域布局呈现多点分散但普遍规模偏小的格局。随着竞争的加剧，受政策环境、需求条件、基础设施、技术创新、资本驱动等多重因素的影响下，国内康养产业的空间分异特征逐渐明显，产业主要向资源禀赋突出、产业基础雄厚、市场需求旺盛的地域集中，并形成了各具特色的产业集群。如四川攀西地区的阳光康养产业集群、东北三省的冰雪康养产业集群均以当地优势突出的资源禀赋为依托而获得快速发展。此外如上海、北京等地则依托其发达的医疗资源、高水平的公共服务水平等大力发展医疗旅游等产业。可以预期的是，随着康养产业逐渐走向成熟，产业将进一步向集中化、规模化、多元化方向演进。

5.2.3　产业组织由单一企业向产业集群转变

产业演进是一个由低级向高级发展的过程。与前述两个演进规律相伴随的则是康养产业的组织形态由单一企业向产业集群转变，在部分产业发育较充分的地区，则已经向打造产业生态圈的方向发力。随着人均收入水平的提高，市场需求快速释放以及互联网、人工智能等的快速渗透，康养产业新业态、新模式不断涌现，快速迭代升级。康养产业的消费群体逐渐向全生命周期、全人群覆盖，推动康养产品和服务日益多元化和细分化，从主要满足消费者养生、健康等基本康养消费需求，向满足修身养智等高级需求演进。功能单一、边界清晰的单一企业在面对多样化需求时已经力有不逮，围绕康养核心产品和服务，加快产业融合，以龙头企业为带动形成集群化的发展模式已成为行业发展的大趋势。

第6章 康养产业的融合发展

从第 5 章对康养产业发展典型模式和演进趋势的分析可以发现，除了优势资源驱动模式之外，其他的几种模式都贯穿着一条主线，即融合。康养产业与人的日常生活息息相关，是一个最大限度以人为本的产业，这使康养产业与几乎所有的行业都存在直接或间接的关系，天然地具有包容性产业的特征。康养产业中的养老产业涉及与老年人相关的医疗、教育、科技、金融等多个行业，但凡涉及健康人群的健康创造与维护、亚健康人群的健康修复以及患病人群的治疗活动等都在大健康产业之列，覆盖全人群和人的全生命周期，与第一产业、第二产业和第三产业都有密切的关联。康养产业和其他产业的高度关联性决定了康养产业的开放性。因此，本章我们就聚焦于康养产业的融合发展。

6.1 产业融合研究进展

20 世纪 70 年代，随着发达国家高新技术的迅速发展和扩散，部分信息技术产业间的边界逐渐模糊或消失，并产生了新的产业形态。这种现象最先发生在以媒体、电信和信息服务为代表的产业之间，后来扩散到其他服务业，并逐渐开始向农业和工业渗透发展。产业融合作为一种革命性的产业创新，使原来基于产业分工的产业经济理论面临着巨大的挑战，受到了政府及国内外学术界的广泛关注，并产生了大量的研究成果。国外从 20 世纪 80 年代就已经开始对数字融合及技术融合的现象进行研究探讨。国内学者则直到 21 世纪初才开始相关主题的研究。纵观国内外已有的研究成果，针对产业融合的研究内容主要集中在融合概念、模式、原因、过程及影响效应等方面。

6.1.1 产业融合概念

产业融合作为国内外学术界的一个热点问题，已经被讨论了三十多年，但是产业融合的概念表述及内涵界定至今没有形成统一的认识。不同学者从不同研究视角出发对产业融合的概念界定了不同的内涵，甚至有学者将技术融合、三网融合和数字融合等同于产业融合。具体来讲，基于研究视角的不同可以将产业融合的概念归纳为以下几类。

1. 基于技术融合的产业融合概念

基于技术融合的产业融合概念最初主要是针对由于技术创新要素在产业之间的应用而导致的产业边界消失的现象而界定的。早在 1963 年，罗森博格（Rosenberg）就将通用的工具技术在不同产业的应用而导致专业化的过程称为"技术融合"，认为技术融合就是不同产业分享技术和知识的过程。二战后，以信息技术为标志的第三次科技革命极大地推动了产业的发展和变革，学术界又逐渐出现了以数字融合来代替技术融合对产业融合概念进行描述的现象。将数字融合定义为：基于数字技术的广泛运用，采用二进制的方式对不同的信息进行编码，使原来独立的信息储存和传递手段一体化，从而加强了不同产业间的互联和互换。此外，也有学者通过对具体案例的剖析来诠释产业间技术融合的发生和发展。用三个重叠的圆圈描述了计算机、广播和印刷业之间的技术融合。

我国学术界对产业融合的研究起步较晚，因此，最初的研究也受到了国外技术融合导向型的产业融合概念的影响。马健（2002）通过对产业融合基本规律和特征的总结提出了产业融合的完整含义：由于技术进步和放松管制，发生在产业边界和交叉处的技术融合，改变了原有产业产品的特征和市场需求，导致产业的企业之间竞争合作关系发生改变，从而导致产业界限的模糊化甚至重划产业界限。基于技术融合的产业融合概念对技术的界定经历了从工具技术到信息技术的转变过程，对融合产业的认识也经历了从信息技术产业间融合到其他一般产业间融合的转变。这一类型认为产业融合主要表现为技术在产业间的共同使用。

2. 基于产业视角的产业融合概念

传统的产业经济理论是基于一定的假设对产业进行定义。这些假设包括每个产业都有自己的边界，不同的产业不具有竞争合作关系等。一些学者针对这些假设条件的改变提出了产业融合的概念。产业融合意味着产业边界的收缩或消失。周振华（2002）基于对电信、广播电视和出版三大产业融合案例的研究，指出产业融合的共同点是为适应产业增长产生的产业边界的模糊。厉无畏（2002）综合已有的研究观点，从产业互动发展的角度出发，给出了产业融合的定义：不同产业或同一产业内的不同行业通过相互渗透、相互交叉、最终融为一体，逐步形成新产业的动态发展过程。这一概念摆脱了信息技术产业融合的限制，试图涵盖所有的产业融合现象，得到了国内学术界的广泛认同。

基于产业视角的概念界定拓展了产业融合的内涵，将产业融合的产业范围扩展到除信息产业之外的其他产业，从而也促进了非信息产业间的产业融合研究。基于该研究视角，产业融合主要以产业间边界的收缩或消失为主要特征。这一观点得到了后续产业融合研究者的广泛认同，也推动着产业融合的研究从早期的以概念辨析为主转向对产业融合模式、动力机制、影响因素等更为深入的研究。

3. 基于其他研究视角的产业融合概念

胡永佳（2007）认为，产业融合是产业间分工内部化，即产业间分工转变为产业内分工的过程和结果。胡金星（2007）认为，产业融合概念不能只从产业系统的某些子系统进行界定，否则只能片面地理解产业融合的内涵，而应该全面地考虑产业系统。从系统论的角度出发，产业融合是指在开放的产业系统中，创新的出现与扩散引起不同产业构成要素之间相互竞争、协作与共同演进而形成一个新兴产业的过程。其他研究视角的产业融合研究虽然基于不同的理论基础对概念进行界定，但是仍然是对产业间共用资源的推广和产业边界消失的问题进行解释。价值模块整合概念强调了产业融合时共用资源的问题，该共用资源在技术融合概念中是指信息技术同时应用在两个产业并且使两个产业产生融合的通用资源。系统论出发的概念主要是对产业间边界的消失进行阐释。

4. 产业融合概念的外延及广义化

电信、广播电视和出版三大产业的产业边界模糊和消失成为早期产业融合研究的典型案例，但是随着研究对象的拓展，学者们从产业融合的典型特征出发对产业融合在更大范围的产业间发生的可能性进行理论论证。周振华（2003）认为，电信、广播电视和出版三大产业融合内生于信息化进程中，其主导因素和基础条件将在更大经济范围内发挥作用，从而使产业融合拓展化。该研究突破了产业融合研究的产业限制，创新性地将产业融合的研究引入更大的范畴。但是，他对产业融合的拓展最终也还是建立在产业经济信息化的基础上。陈家海（2009）通过对产业边界模糊化的分析，认为以技术融合为前提的产业融合是狭义概念，而以某些"关联因素"引起的产业边界模糊的产业融合是广义概念。

6.1.2 产业融合原因

产业融合的原因研究中，由于对"原因"的理解不同，得出的研究结论也不同。将"原因"理解为产业融合的本质决定因素的研究中，早期的代表性观点是技术决定论，后来逐渐发展到"共用资源"。将"原因"理解为"促进产业融合的因素"的研究中的原因结论包括政府管制放松、需求变化，竞争及追求效益最大化等多种因素。具体包括以下代表性观点（朱海艳，2014）。

1. 技术创新与扩散

由于早期的产业融合被称为技术融合，因此，对产业融合的原因分析也主要从技术的视角出发。认为某一产业的技术创新使得产业之间形成了共同的技术基础平台，进而影响和改变了其他产业产品、竞争和价值创造的过程，由此催生了产业融合。于刃刚和李玉红（2003）认为，技术创新在不同产业间的扩散消除了技术性进入壁垒，从而形成了不同产业间共同的技术基础，在此基础上才形成了产业融合。

2. 技术革新和管制放松

日本学者植草益（2001）提出了产业融合是通过技术革新和放宽限制来降低行业间的壁垒，从而加强了行业企业间的合作竞争关系。在此之后，很多学者都研究了政府管制对产业融合的促进作用。我国学者马健（2002）进一步阐述了技术革新和政府管制对产业融合的作用，认为技术革新是促进产业融合的内在原因，而经济管制的放松是产业融合的外在原因。后续的很多研究都是在此研究基础上进行进一步的探索。朱瑞博（2003）认为，除了技术革新和管制放松外，包含知识产权的模块载体能够实现更大范围的产业融合。单元媛和赵玉林（2012）则总结了商业模式创新对产业融合的促进作用，认为产业融合是技术和商业模式之间互动的结果。技术革新的原因论仍然限制了融合产业的范畴，仅仅针对信息产业，而不能代表所有产业的融合原因。政府管制放松的融合原因只能作为产业融合的外在推动因素，而不能作为产业融合的充分条件。同时，政府管制放松在西方经济学研究中作为决定市场结构和效率的关键因素之一受到了西方学者的重视，但是我国产业经济研究者更注重宏观层面和中观层面的产业关联、产业布局及产业发展的研究。

3. 产业间的关联及追求效益最大化

厉无畏（2002）基于对产业发展追求利润最大化、成本最低化一般经济规律分析，认为产业融合的内在动力是产业间的关联和对效益最大化的追求，技术创新只是产业融合的催化剂而并非内在决定因素。厉无畏基于产业主体目的提出的这一观点也成为产业融合原因研究中认同度高的观点之一。但是，追求利益的最大化是一般产业规律，是否能够成为产业融合的本质原因仍然是一个争论性的问题。

4. 综合因素决定论

随着产业融合理论研究的逐渐丰富，部分学者总结了前人的研究成果，提出了产业融合的综合因素决定论，包括推拉力、内外动力等多种作用力的结果。吴颖等（2004）提出产业融合的作用力包括企业间竞争合作的压力、规制放松的支撑力、市场需求的推动力及技术创新和扩散的拉力。李美云（2004）提出了产业融合的内在动力是产业融合的经济性，需求拉动和竞争推动是外在动力。这种综合因素决定论的观点试图包含产业融合的所有作用因素，作为产业融合的影响因素分析会比较全面，但是作为产业融合的原因则过于宽泛。

5. 其他视角的产业融合原因

胡永佳（2007）引入了资产通用性、成本弱增性的概念来分析产业融合的动因。肖建勇（2012）在此基础上提出了技术进步和人类意识觉醒造成了资产通用和产业关联，资产通用度的提高和产业关联性的增强促进了产业之间的融合，模块化则是实现传统产业链垂直解体和进行跨产业整合以形成复杂性产业网络的重要工具。

6.1.3 产业融合类型

目前，关于产业融合类型的研究中，不同的产业融合概念下有不同的产业融合类型，基于同一产业融合概念，研究者从不同的视角也可以总结出不同的产业融合类型。因此，目前产业融合的模式研究成果较为丰富，具体包括以下 3 种代表性观点。

1. 基于技术视角的产业融合类型

通过对技术之间的替代和互补分析，将产业融合分为替代性融合和互补性融合两种类。

2. 基于供给和需求的视角的产业融合类型

基于和对产业融合分类的基础上，从供给和需求的视角，提出了需求替代性融合、需求互补性融合、供给替代性融合和供给互补性融合四种产业融合类型。从顾客和企业对产品替代性和互补性的认识不同上将产业融合分为功能融合和机构融合。在此基础上，对融合的程度进一步划分，分别为功能和机构的高度融合、高功能和低机构融合及低功能和高机构融合。

3. 基于产业视角的产业融合类型

我国学者主要从产业的视角对产业融合的类型进行划分。厉无畏（2002）提出了产业融合的三种类型，分别为高新技术的渗透融合、产业间的延伸融合和产业内部的重组融合。胡汉辉和邢华（2003）也持有类似的观点，将产业融合分为产业渗透、产业交叉和产业重组三种形式。此外，马健（2002）从产业之间的融合程度出发，将产业融合分为完全融合、部分融合和虚假融合。胡永佳（2007）从产业融合方向出发，将产业融合分为横向融合、纵向融合和混合融合。

6.1.4　产业融合过程

郑明高（2010）认为，产业融合的各阶段是相互衔接和相互促进的，并且对融合过程中的各个融合步骤的作用进行了界定。技术融合是基础，产品融合和业务融合是积淀，市场融合是"半成品"，产业融合就是整个融合过程的"产成品"。胡金星（2007）将产业融合的过程分为两个阶段，从无到有的过程和从出现到实现的过程，第一个阶段的标志是融合型产品的创新，第二个阶段的标志是形成以融合型产品为标志的新兴产业。

6.2 康养产业融合的多元动力机制与多重路径

6.2.1 康养产业融合的多元动力机制

与传统产业具有清晰的产业边界不同，康养产业这一概念自诞生之日起，不管是在理论分析层面、实践发展层面抑或政府管理层面便天然具有横跨三次产业的包容性。在《健康产业统计分类（2019）》中，健康产业被定义为"为社会公众提供与健康直接或密切相关的产品（货物或服务）的生成活动集合"，范围涵盖三次产业 13 个大类，58 个中类，92 个小类；在攀枝花市、秦皇岛市开展的康养产业监测报告中也延续了这一分类原则。在《"健康中国 2030"规划纲要》中亦明确提出"积极促进健康与养老、旅游、互联网、健身休闲、食品融合，催生健康新产业、新业态、新模式"。

这种包容性的产业特征决定了康养产业自发展之初便具有了融合发展的内在要求。而在促进融合发展的内源动力上，除技术创新（尤其是信息技术、大数据）、消费者需求等共性因素外，政府的政策引导和康养资源的功能多样性也发挥着重要的作用，从而使康养产业的融合发展受多元动力驱动。

1. 技术创新构成了康养产业融合发展的内驱动力

"互联网＋""大数据"等新兴技术的广泛应用，使平台经济快速普及。其以低交易成本的方式链接康养供给和需求两侧，使产业融合的范围扩大，速度加快。

2. 康养需求的多元化构成了康养产业融合的原生动力

康养的核心功能在于尽量提高生命的长度、丰度和自由度。康养对全人群和全生命周期的覆盖是其与其他诸多产业融合发展的内因，攀枝花市就康养产业提出的"养身、养心、养智"即高度凝练地概括了这种多元化需求。广覆盖的多样化需求势必刺激其他行业跨越产业边界，扩大市场范围，适应市场需求提供多元多样的产品和服务，促进康养产业兼顾纵向一体和横向跨界的融合发展。

3. 政策引导是康养产业融合发展的外驱动力

政府的发展战略、产业政策和行业管制构成了行业发展的制度环境。政策激励可以降低行业间进入壁垒，降低制度性交易成本，营造良好发展环境，从而为产业融合创造良好社会生态。与产业融合早期阶段电信、广播电视和出版等主要依靠技术驱动进而自下而上倒逼政策边界的调整不同，康养产业自发展伊始便受到国家发展战略的正向激励，其融合发展亦有系列配套政策的扶持。在地方层面，以攀西经济区（尤其是攀枝花市）、秦皇岛等区域和城市为代表的康养产业先行者更建立了较为完善的政策体系。地方政府为大力发展康养产业，鼓励其他产业的资金、技术等进入，同时提供土地、税费、财政等优惠，引导行业跨界融合，导致产业界限模糊甚至重划产业界限。

4. 康养资源的功能多样性是康养产业融合发展的基本动力

传统的工业企业中，生产设备、生产技术等均具有明显的资产专用性，只能用于特定产品的生产制造。企业想要退出某一产业，就会付出巨大的"沉没成本"。康养产业则与之有极大的不同。各地康养产业的发展通常以本区域特有的资源禀赋为基础，如森林、温泉、阳光等，其实质在于康养资源的资本化。各类康养资源具有多种功能开发价值，从而赋予了康养产业融合发展的天然条件。

6.2.2 康养产业融合发展的多重路径

在四元动力的驱动下，康养产业的融合发展亦具有多重路径，主要包括技术融合、产品（服务）融合、企业融合和市场融合等。

创新技术在相关产业间扩散引发技术融合，从而改变产业间的生产技术、工艺流程等；"互联网＋"、大数据的快速推广，能将跨界的产品和服务整合在同一平台，形成共同的技术基础，为技术融合创造条件，催生新业态、新模式。康养资源的多样性则使得依托同一资源可开发多样化的产品和服务，拓宽产业发展边界，实现产品融合。在技术融合和产品融合的推动下，业务日趋多元，业务之间存在一定关联性和互补性，并且在同一平台上运作，为"融合"型企业创造了条件。这类企业兼具两个或多个产业的特点，产业在企业层面的不断融合，进一步完善康养产业链，或者构建"新"融合产业的整体结构。企业融合后，积极推广融合型产品和服务进入新的市场，推动消费方式、运营模式等变革，借助市场运作和品牌整合，扩大目标市场群体，扩大市场占有份额，进而实现市场融合。

第7章 促进康养产业发展的对策建议

7.1 多渠道并用多元化并重，完善康养产业体系

1. 延伸整合康养产业链，推动服务业态和服务模式升级

加快发展康养产业，通过发挥市场机制作用建立起预防与治疗、保健与康复、医疗与保险、健康与养老，以及医疗机构之间的协作机制，转变传统以治疗为中心、碎片化的服务模式，形成以健康管理为中心、机构间高效协作的健康管理服务模式，实现面向全年龄段全人群、全生命周期健康服务体系，变被动应对疾病为主动预防疾病，变单一作战为协同作战，变过度关注疾病为重视全面健康，推动从源头上保障健康、提高卫生健康服务发展的可持续性。充分发挥商业健康保险推动康养产业的产业链、服务链整合。商业健康保险不仅是推动康养产业发展的重要动力，同样还是推动健康产业链整合的核心之一，具有其他康养产业细分产业所不具备的优势。保险资金具有稳定性、长期性与大体量的特点。

目前，我国的基本医疗保险制度尚未将非基本医疗服务纳入保障范围内，这意味着很大一部分的健康服务需要由商业健康保险来面向个人提供相应的保障服务。因此，健康保险公司不仅能够成为各种健康服务

的资金提供者或服务使用者，还是康养产业各种细分行业天然的平台与载体，便于与医疗机构、健康管理与促进企业、健康产品厂商等上下游之间形成完整的产业链和运营体系，从而推动康养产业的产业链整合、供应链完善和价值链提升。

商业健康保险的发展不仅能够满足用户多元化与个性化的健康需求，改善和提升其健康状况，还有利于缓解基本医疗保险的基金压力。健康保险公司通过直接参与医院建设或合作协议等多种方式，和医疗机构之间形成利益共同体，在拓展自身业务范围和贯通产业链的基础上，参与对医疗机构的费用的管控，避免其利用专业优势实现医疗费用的过快增加。与此同时，基于大量的个人健康历史数据，健康保险公司帮助参保者有效管理自身健康，在满足其健康教育、健康体检、疾病筛查、健康风险预警与健康生活方式指导等非基本医疗服务需求的同时，为病人提供最合适的就诊方案，限制不必要、不合理的医疗需求，并通过预付制等支付方式激励医疗服务机构自我控制成本，从而在促进国民健康素质提升的同时，有效避免不必要的医疗费用支出，并实现产业经济效益，带动相关健康产业发展。基于商业健康保险对于康养产业的整合，能够进一步实现在需求侧的产业模式和服务模式创新，从而有效促进整个产业结构的优化升级（程显扬，2020）。

2. 积极推进信息化与"互联网＋"融合发展

实现服务精准化、个性化、便捷化，增强康养服务集约化程度，推动服务模式迭代创新。伴随着可穿戴设备、智能终端等的出现和逐步普及，其既能为个人做好自我健康管理形成自主自律的良好生活与行为方式提供了载体，更为个人健康大数据的系统收集、持续跟踪和监测以及在此基础上的健康管理提供了可能。可穿戴设备，能够持续不间断对个人的一系列生理与心理特征数据进行跟踪采集，通过对这些反映个人一般健康指标和行为状况原始数据的整理分析，通过图表的直观方式加以展示，即形成了个人的量化生活日志。通过这种方式，能够在最低成本的前提下，获得准确真实的个人量化数据，从而为其量身定制个性化与精准化的健康促进计划和疾病治疗方案提供可靠依据，可广泛地应用于健康促进和慢性病管理。

3. 重塑再造就医流程，多途径为医务工作者赋能

鉴于中国康养产业的发展历史和中国的客观国情，可以预见，在未来相当长的一段时间内，医疗服务仍将是中国康养产业中的主体与优势细分行业，因此，有必要在综合考虑医疗服务产业现状的基础上，通过综合运用各种技术创新，重塑再造就医流程，在提升患者就医体验的同时，不断为医务工作者赋能，提升医疗效率和服务质量。一方面，康养产业通过打造智慧医院、采用管理决策辅助以及推广远程医疗等方式，结合以新基建为代表的各种互联网与智能技术，对于医疗机构的具体工作流程与管理决策方式进行重构完善，有利于优化医疗资源的配置，完善医疗机构的服务内容，提升医疗机构的服务质量，强化其管理与决策能力。从而最大限度地优化患者的就医流程，同时提升其就医体验与满意度。

4. 加大康养人才培养规模，提升行业整体素质

必须要培养一批训练有素的高素质人才，既包括从事理论技术研究的学科研究型人才，也包括直接提供健康服务的专业技术型人才。这就需要通过多种途径与方式来进行人才培养。一方面，建设高水平的健康专业院校。就国家层面而言，鉴于目前康养产业相关研究机构的分散化、无序化和民间化，应该尽快建立国家级的健康研究机构以及大健康智库联盟，吸纳集结国内外一流的多学科、跨界性的健康学方面的优秀人才与研究团队。承接政府相关项目以及海内外康养产业专项课题，以创建和完善中国特色健康医学与康养产业理论体系为主要目的，为康养产业的发展提供专业化的咨询服务与智库支持。就地方层面而言，结合中国康养产业及其相关人才的发展现状，应当多渠道汇聚民智民资民力，在

有条件、有实力的地区建设高水平的健康大学，或者在现有的综合性大学中增设与康养产业相关的学院或相关专业，例如，根据健康管理、健康评估、保健养生、移动医疗、慢性病康复以及健康养老等行业领域，设置相应的专业类别，并注重对复合型人才的培养。另一方面，加强康养产业相关人才的教育培训。建立康养产业相关领域专业的职业人才培训机构，以提升服务能力与创新能力为重点，强化康养产业相关领域专业技术人才的教育培训；以提升运营操作与精准营销能力为重点，强化康养产业相关领域市场人才的教育培训；以提升领导能力与运营能力为重点，强化康养产业相关领域管理人才的教育培训。同时，应当组织医学院校基础理论和临床医学教师等系统参加专门培训，加快培养康养产业相关师资队伍，并且对现有医学专业人才进行健康医学从业者转岗培训。

7.2　以提高生存质量为主线，构建健康管理服务体系

医疗服务将会在长期内居于中国康养产业主导地位。但是，从世界范围内观察，健康管理与促进发展通常才是康养产业中的主体，其基本上涵盖了个人生命周期中除医疗服务外的所有阶段，具有稳定广阔的上下游产业链发展空间，能够与其他康养产业细分行业产生紧密联系。同时，还会基于自身的生态体系，贯通和串联起囊括三次产业在内的其他相关行业，促进传统产业与健康的融合创新，并进一步推动各种健康服务新业态的发展。因此，应当注重健康管理与促进服务产业的发展，以提高生存质量为主线，构造健康管理与促进服务生态体系，使其与医疗服务一同成为中国康养产业发展的双核心。

1. 以健康体检为基础，结合商业健康保险，覆盖个人全生命周期

健康管理与促进服务以个人为中心，以提高生存质量为目标，聚焦

于疾病发生前的预防控制和疾病发生后的康复及管理，贯穿生命由孕育、发育、成长、衰老直至死亡的全周期，以求在最低成本的条件下，最大限度地保障个人健康。

科学分析国民日益增长的多层次健康需求，充分结合产业自身所具备的人力资源密集、服务与消费同时进行以及地理区域的客观现实等特点，依据个性化需求完善产品和服务。通常而言，对个人健康的管理与促进包含以下若干步骤：健康筛查与评估、健康教育与自我保健、健康干预、健康监测与慢性病管理等。其中，健康筛查与评估是相关服务的起点与基础，而最具代表性的为健康体检。当前中国的健康体检服务往往是一次性和非连续性的，这样的服务模式已经落后于国民的健康需求和市场的发展需要。因此，有必要在传统常规体检业务的基础上，增加后续健康评估与干预的服务内容，通过引进健康管理与促进的相关内容实现服务升级、市场转型与产业发展。并以此为基点，带动包括健康管理理论的完善、健康管理标准的建立、健康管理的宣传教育、健康评估技术、健康评估专用设备、健康管理专属人才培养、健康维护服务、新型的健康会员服务机构建立、健康档案管理与服务系统、健康产品的销售与服务等一系列相关需求。

推进商业健康保险与康养服务业的整合。既通过商业健康保险来提供稳定的资金支持和长期且多元化的服务需求，又借助商业健康保险的平台和载体来扩大健康管理与促进服务的服务范围和潜在市场，构造相对完整的、贯穿全产业链的、覆盖个人全生命周期的产业生态系统，通过与康养产业其他行业的联系互动，形成以人为核心的覆盖"保险＋医院＋互联网医疗""预防＋治疗＋康复"的闭环生态圈，推动康养产业链生态的发展与完善。

2. 抓住康养产业发展机遇，推动健康管理与促进服务业数字化转型升级

以5G为代表的信息通信技术，极大地提升了信息传输的速度与稳定

性；物联网的推广应用使用户端延伸和扩展到了物品之间，应用智能感知、识别与普适计算等技术，进一步改善用户体验；以基因技术为代表的生命科学的进步与创新，大幅度降低了基因测序的难度和成本，对基因组的探索逐渐深入成为精准医疗的基础；人工智能技术在图像识别、深度学习等在疾病诊断方面有着越来越多的应用。基于上述技术的使用与赋能，个人的数字化水平得以大大提升，数字化生命概念的建立为产业的数字化转型升级和长远发展奠定了坚实基础。同时，由于国民消费观念的转变，加之其对于健康观念的重视和健康素养的提升，都进一步促使线上健康管理应用的全网渗透持续上升，线上线下联系互动的趋势日趋明显。

随着国家健康管理资料相关标准的建立和国家健康信息资料中心的建设，健康相关数据与资料资源将会成为国家最重要的核心资源和公共资源，它将促使国家健康产业协调发展，并引导健康管理服务产业向集约管理、精准服务、产业联合、规模发展的方向运行。这些海量信息也必然带来对于大数据存储、运算与分析能力要求的提高。因此，未来健康资讯系统标准的建立、健康资料与通信业务、健康管理服务机构资讯管理系统平台的开发、个人健康档案、个人以及机构健康资料库、健康产品与服务电子商务系统的建设与资料有效运用等方面，均有巨大的需求空间和发展潜力。伴随着智能终端将实现全方位健康监测，AI 技术提升健康数据价值，以及线上、线下双向带动，健康管理市场迭代优化发展。健康管理与促进服务业将会通过一系列的技术创新和发展机遇实现数字化转型升级，进而成为推动中国康养产业发展的重要核心。

3. 将中国传统医学融入健康管理与促进服务业的发展进程中

在中国健康管理与促进服务业发展的进程中，应当依托中国博大精深的传统医学文化，丰富健康管理与促进服务的新内涵、创新服务模式与内容、研究产业运行规律和发展机制，只有这样才能够使发源于国外的健康管理与促进服务避免水土不服并在中国大地上良性发展。在中国的传统医学思想中，孕育着"预防为主"的健康管理思想。中医"治未病"是中医学预防为主、注重养生思想集中体现，这种以人为本的整体观，与现代的健康管理与促进理念高度契合。同时，中医学的辨证论治思维则能客观描述和评估健康状态的变化过程，而不是局限于现代医学对疾病危险因素的评估。因此，中医在整体上对个人的健康状态进行衡量，是真正意义上的个体化健康管理，将"治未病"的内容与健康管理的各流程相结合，是具有中国特色的健康管理与促进。随着健康管理与促进服务业的发展，中国传统医学将在健康维护、康复、调理、养生等方面实现创新，中国传统医学的加盟将使健康管理与促进最重要的一个环节——健康干预变得内涵丰富、实用、有效和强大，使健康管理与促进服务的效果、效率、效益出现质的飞跃。

7.3　强化体制机制建设，完善产业发展环境

尽管康养产业是近年来不断发展壮大的新兴产业，行业发展粗放，部分企业为追求利益，采用夸大宣传甚至虚假宣传等手段，不仅对消费者的身体健康造成了不利影响，更加使民众对于整个康养产业的质量和诚信缺乏信任。因此，政府就有必要既加强实施相关的监管，又要构造良好的政策环境。

由于康养产业本身的特殊性，加之各种新型技术的应用，其势必会接触和掌握用户的身体状况的各项指标数据与行为习惯，而这往往比个人的姓名与联系方式等更为隐私。同时，其提供的各种建议与服务又直接关系到用户自身的健康状况。因而，政府对于康养产业相关方面的管理与审查势必相对严格，制定严格的人才标准和考核制度，促进产业标准形成。但同时还要注意监管的力度，作为一种新兴产业，过于严格苛刻的监管同样可能会影响该产业的创新与改革。

还需要注意的是，就目前来看，国家与政府尚没有制定出台针对康

养产业的专项政策与行业规范，且很多现有政策在执行上同样存在问题。所以，政府非常有必要针对康养产业的发展制定出台一系列的配套政策，包括产业准入政策、产业扶持政策、人才培养政策，创新激励政策、个人隐私保护政策、财税优惠政策以及相关行业标准等，构造良好的政策保障体系，以便形成有利于推动康养产业正常发展的政策环境。

与此同时，加强健康领域监管创新。坚持包容创新、守住底线，大力研发新产品，积极进行技术更新升级，准确地把控市场未来的走向，并根据实际情况构建出科学、成熟的监管体系；对不确定的领域，要进行综合性的评估和跟进，支持走多元化的发展道路。创建统一、高效的联动协作机制，面对问题要共同制定方案进行解决，而不能一味地逃避责任，特别是要防止多头执法等现象的产生。充分发挥信息技术的优势，全面提升市场监管水平及其风险识别、风险监测、风险管理的能力。合理利用各大媒体机构的力量，充分调动公众参与行业监督的主动性和积极性。

要重视行业的诚信建设，对于现有的信息资源要进行全面的整合和科学的利用。建议针对医药产品的开发过程等都要建档保存，所有工作人员都要如实地记录和评估其信用状况，然后上传到信用共享系统中，并依法推进信息公开。制定信息收集、合理披露等制度，建立失信惩戒体系，使不讲诚信的人员付出应有的代价。对于第三方机构则大力支持其开展信用评价活动，引导行业行为规范，完善商事争议多元化解决机制。

理顺政府与市场间关系，促进康养产业协调发展。通过梳理两者间的关系，确定两者间的边界，充分调动和发挥各自的优势，形成两者间和谐推动的发展合力。

（1）处理好政府与市场的关系，实现健康事业与康养产业的有机衔接。因为健康产品及服务相较于其他产品服务较为特别，所以，在该领域中政府和市场之间具有非常复杂的关系，故应该根据不同类型服务的属性来划分政府与市场的角色。对于群众基本健康服务需求（公共卫生和基本医疗等基本健康服务）应当以政府为主导，通过直接组织生产或购买服务（政府直接购买或向需方提供补贴）的方式进行提供；对于非基本健康服务以及通过购买服务方式提供的基本健康服务则可实行市场化运作，通过引导和借助市场的力量，则可对资源进行合理的配置和优化。要实现在推动康养产业快速发展的同时使医改工作有序进行，则需要处理好基本医疗卫生领域和非基本医疗卫生领域、政府跟市场之间的关系，实现健康事业与健康产业的有机衔接。

（2）促进康养产业与国民经济协调发展。要重点把握好两个方面：一方面，要优先保障群众基本健康服务需求。有必要在对其产业自身特点和社会保障服务自身属性深入分析的基础上，确保实现社会效益、经济效益的有机统一。在确保群众的基本健康服务需求得到切实满足的前提下，尽可能地协调各方力量来推动康养产业朝着规范化、规模化的方向发展。与此同时，还要竭力减轻国民在健康方面的经济负担，并进一步提升全民的健康意识和健康素养。另一方面，要以健康管理和健康促进为重点，创造"绿色 GDP"。

7.4　推进科技成果转化，坚持创新驱动与产业融合

1. 建立有利于加快健康科技成果转化的体制机制

科技成果转移转化是卫生与健康科技创新的重要内容，是加强科技创新和发展健康产业紧密结合的关键环节。紧扣发展康养产业需求，以满足人民群众多元化健康需要和解决阻碍科技成果转移转化的关键问题为导向，建立符合健康产业特点和市场经济规律的科技成果转移转化体系；加强重点领域和关键环节的系统部署，推动中央与地方、不同部门、不同创新主体之间的协同；完善科技成果转移转化政策环境，充分调动

各方推动科技成果转移转化的积极性；促进技术、资本、人才、服务等创新资源深度融合与优化配置，推动康养产业发展。强化财税金融支持，发挥财政资金引导作用，由政府引导、推动设立由金融和产业资本共同筹资的健康产业投资基金，鼓励地方通过健康产业引导资金等渠道予以必要支持。鼓励金融机构创新适合健康产业特点的金融产品和服务方式，发展知识产权质押融资和专利保险，开展股权众筹融资等试点。

2. 强化创新驱动，深化健康领域供给侧结构性改革

康养产业的开发应该始终以市场需求为重要导向，通过不断增强行业的综合创新能力，确保科技的力量获得充分体现。通过准确地把握行业的运行态势，并重点突破核心技术，丰富产品的功能，提升整体的服务质量，以便在行业内部营造良好的发展环境。再者，对于产业链中的分工要尽可能地准确、详细，借此来加快科技创新机制的建设步伐。推进健康产业技术创新战略联盟建设，鼓励相关机构建立产学研协同的创新平台，倾力创建具有较强创新力和竞争力的产业科技服务机制与信息共享体系。扶持行业中的权威研究机构与实力雄厚的企业、品牌学府等建立良好的战略合作关系，以协力推动健康产业园区的建设，依托研发、生产、应用优势单位，在环境好的区域积极打造健康产业示范区，以加强创业指导和服务。

3. 推进产业深度融合，加快集约聚集发展

顺应生命、信息科技进步浪潮，抓住城镇化、农业现代化、制造强国及中国品牌建设等发展机遇，积极推动互联网、大数据、物联网等信息科技向健康产业渗透，加快推动健康产业与相关产业融合发展，既注重健康产业内部各行业的融合，也要加快推进健康产业跨行业跨领域的深度融合，实现全产业链开发，催生更多的新产业、新业态、新模式。支持大型企业做优做强，鼓励跨行业、跨领域兼并重组，形成上下游一体化的企业集团，重点培育一批全球范围内配置要素资源、布局市场网

络、具有跨国经营能力的领军企业。以行业领军企业为主，组建产业联盟或联合体。引导中小型企业专注于细分市场发展，使各类企业之间建立良好的战略合作关系，最终为健康战略的顺利实施排除更多的阻力与障碍。同时，不断巩固基础产业，使其成为康养产业崛起的重要驱动力。再者还应该着重培育一批优势明显、特色鲜明的健康产业集群，并大力推动示范区建设，从而为该领域的合理布局营造更为有利的发展环境。

7.5 推动康养产业新业态发展，提升产业彼此联动

伴随着国民对于健康观念的重视，加之健康上升至国家战略的层面，健康开始逐渐融入众多的传统产业之中。康养产业也由此掀起了一场"健康＋"的行动，"健康＋旅游""健康＋体育""健康＋互联网""健康＋养老"等众多康养产业的新业态纷纷涌现，这不仅有利于促进康养产业的全面发展，还能够推动其他传统产业的转型升级。依托国家战略、技术创新和国民观念转变，康养产业的发展正在不断打破传统行业间的壁垒，与传统产业进行融合创新，在满足国民个性化、差异化与多层次健康需求的同时，也进一步丰富了康养产业的服务模式、产品内容、发展方式等，直接增加了有效供给和高端供给。在新冠疫情的大背景下，配合新基建和双循环格局带来的机遇，应采用全链条顶层设计，引导康养产业新业态快速、规范地发展，统筹推进与其他产业的融合发展，构建多层次协同发展的康养产业体系。进一步加大相关科技创新与科研投入力度，引领发展以"精准化、数字化、智能化、一体化"为方向的新型医疗健康服务模式，着力打造科技创新平台、公共服务云平台等支撑平台，构建全链条的产业科技支撑体系。不断推动科技成果的转化应用，建立符合康养产业特点和市场经济规律的科技成果转化体系，完善科技成果转化政策环境，促进技术、资本、人才、服务等创新资源深度融合

与优化配置。通过发展新业态，为传统产业和制造业发展搭建平台，培养和发展战略性新兴产业、科技研发产业和互联网增值服务产业，最终实现康养产业的"提质扩容"。康养产业作为现代服务业的代表，同样需要第一产业和第二产业的支撑，其能够作为三次产业间的枢纽，在各产业间构建增强回路，实现产业间的协同发展。

7.6 提升国民健康素养，树立积极老龄化的观念

世界卫生组织于 2002 年发表的《积极老龄化政策框架》指出，积极老龄化是老年人按照自己的需求、愿望和能力参与社会、经济、文化、精神和公民事务的过程。积极老龄化坚持老龄友善的乐活价值理念，突出老年人主体地位、代际共融、人与环境和谐的理念，从而不断提升老年人的生理与心理健康水平，降低对社会医疗资源的依赖程度，用"乐活能动"取代"负担压力"。积极老龄化是老龄化研究中的最新理论，也获得了世界的广泛认可与关注，正有越来越多的国家基于该理论来制定相关战略与政策，其对于中国也有着非常重要的理论意义与实践指导的功能。

1. 基于政府的视角，应从无差别的单一应对负担视角转变为多元化的平等主动参与的视角

从积极老龄化的角度出发，则将老年人置于主体位置，在保障其基本权利的基础上，充分地认可与尊重他们自身的需求与愿望，认识到这一群体的特殊性、复杂性与能动性。政府要转变观察视角与政策思路，在作为各项保障与福利提供者的同时，更要成为老年人群体的权益捍卫者与参与平台及渠道构建者。政府应当坚持平等参与、积极主动、增能赋权、乐活能动的原则，变被动为主动，通过多样化、科学化与个性化的政策、渠道与方式，充分调动老年群体的主观能动性，使他们的不同需求得以满足，令他们的潜在热情得以释放，让他们的优势与能力得以

发挥，为他们的幸福生活保驾护航。

2. 基于社会的视角，应从单纯的边缘弱势照料视角转变为平等互动融合的视角

很多情况下，无论是企业、社会组织还是整个社会，都愿意将老年人界定为衰老弱势、脱离社会、需要照料并被逐渐边缘化的群体，这是一种相对固化刻板的印象。今天的老年人群体在逐步提高的收入水平与健康水平的基础上，不仅有着多元化与个性化的现实需求，同时也有着满足需求所需的经济能力。对于企业而言，这意味着一批新的用户和一个巨大的潜在市场，有必要将老年人平等地视为消费者与服务对象，尊重他们的需求与愿望；对社会组织而言，不能仅停留在各种照料与陪伴层面，还应当更多地为老年人提供复合多元的服务，为他们的能动性与自我提升的需求提供平台与支持；对于社会而言，也要在爱老、护老与敬老的基础上，更加积极平等地待老年人，引导与促进他们与社会彼此参与互动，支持与保障代际的交流融合。

3. 基于个人与家庭视角，应从物质支持为主、满足身心需求逐步转变为尊重包容、主动支持与直面衰老的视角

由于中国传统的孝亲文化，往往更多地强调对于老年人物质与生活层面的满足，更多的是单方面的顺从与接收，而且经常对衰老与死亡采取回避和拒绝的态度。但老年人真正的健康在于实现身心平衡与自我实现，这既要基于物质基础与医疗保障，也需要家庭成员之间的尊重交流与包容支持。还需要注重的一点是，对于衰老与死亡的态度。中国缺乏死亡教育，也往往回避相关话题，但是这不利于形成积极主动的老龄化观念。无论衰老还是死亡，都是不可避免的必然事件，而唯有直面现实并坦然接受，重视生命的质量与生活的尊严，才有利于每一个人的自我实现，让每个人有尊严地活着也能够有尊严地离开，这才是真正的以人为本与人文关怀。

参 考 文 献

［1］曹国新. 旅游产业的内涵与机制［J］. 旅游学刊，2007，134（10）：6－7.

［2］陈家海. 产业融合：狭义概念的内涵及其广义化［J］. 上海经济研究，2009（11）：35－41，96.

［3］陈志恒，丁小宸. 日本健康产业发展的动因与影响分析［J］. 现代日本经济，2018，37（4）：48－58.

［4］程显扬. 中国健康服务业发展研究［D］. 沈阳：辽宁大学，2022.

［5］邓世康，王培刚. 上升为国家战略的健康促进：日本的经验（2000—2021）［J］. 中国行政管理，2023（1）：139－148.

［6］杜本峰. 社会变迁与健康的本质表达及价值［J］. 医学与哲学，2019，40（13）：20－24，44.

［7］段成荣，谢东虹，吕利丹. 中国人口的迁移转变［J］. 人口研究，2019，43（2）：12－20.

［8］厄特拜克. 把握创新［M］. 高建，李明，译. 北京：清华大学出版社，1999.

［9］范方志，李明桥，石高翔. 中国健康经济学研究综述［J］. 经济学动态，2012，622（12）：90－93.

［10］方维规. 关于概念史研究的几点思考［J］. 史学理论研究，2020，114（2）：151－156，160.

［11］房红，张旭辉. 康养产业：概念界定与理论构建［J］. 四川轻化工大学学报（社会科学版），2020，35（4）：1－20.

［12］费太安.健康中国百年求索——党领导下的我国医疗卫生事业发展历程及经验［J］.管理世界，2021，37（11）：26－40，3.

［13］费孝通.生育制度［M］.天津：天津人民出版社，1981.

［14］冯晶晶."乡村旅游"概念叙事：内涵演变、脉络特点及发展趋向——基于旅游人类学视角［J］.西南民族大学学报（人文社会科学版），2022，43（10）：51－56.

［15］冯立天，马瀛通，冷眸.50年来中国生育政策演变之历史轨迹［J］.人口与经济，1999（2）：3－12，42.

［16］顾杏元，冯学山，翁仲华.40年来我国人民健康水平的变化［J］.中国卫生统计，1992（4）：5－8.

［17］郭小弦，沈慧."打工人"的烦恼：超时劳动、工作压力与生活质量研究［J］.青少年研究与实践，2022，37（3）：35－46.

［18］郭志刚.关于中国家庭户变化的探讨与分析［J］.中国人口科学，2008（3）：2－10，95.

［19］郭忠华.日常知识与专业知识的互构——社会科学概念的双重建构模式［J］.天津社会科学，2020，230（1）：55－60.

［20］国家统计局.2021年《中国妇女发展纲要（2021—2030年）》统计监测报告［R/OL］.（2022－04－20）［2023－09－01］.http：//www.stats.gov.cn/sj/zxfb/202304/t20230417_1938687.html.

［21］国家卫生健康委员会.2022中国卫生健康统计年鉴［M］.北京：中国协和医科大学出版社，2022.

［22］国务院发展研究中心课题组.认识人口基本演变规律 促进我国人口长期均衡发展［J］.管理世界，2022，38（1）：1－19，34，20.

［23］韩小明.对于产业融合问题的理论研究［J］.教学与研究，2006（6）：54－61.

［24］何莽.中国康养产业发展报告（2018）［M］.北京：社会科学文献出版社，2019.

[25] 何莽.中国康养产业发展报告（2019）［M］.北京：社会科学文献出版社，2020.

[26] 胡汉辉，邢华.产业融合理论以及对我国发展信息产业的启示［J］.中国工业经济，2003（2）：23－29.

[27] 胡金星.产业融合的内在机制研究［D］.上海：复旦大学，2007.

[28] 胡叔宝.内在自由的求证——兼论中西哲学会通问题［J］.哲学研究，2005（10）：92－95.

[29] 胡永佳.产业融合的经济学分析［D］.北京：中共中央党校，2007.

[30] 黄阳华，吕铁.市场需求与新兴产业演进——用户创新的微观经济分析与展望［J］.中国人民大学学报，2013，27（3）：54－62.

[31] 黄宗智.中国经济史中的悖论现象与当前的规范认识危机［J］.史学理论研究，1993（1）：42－60.

[32] 蒋承，赵晓军.中国老年照料的机会成本研究［J］.管理世界，2009（10）：80－87.

[33] 蒋南平，李博.中国农业现代化的一个途径：基于人—地关系的现代小农经济模式［J］.经济理论与经济管理，2012（3）：90－99.

[34] 金碚.关于大健康产业的若干经济学理论问题［J］.北京工业大学学报（社会科学版），2019，19（1）：1－7，84.

[35] 卡萝塔·佩蕾丝.技术革命与金融资本：泡沫与黄金时代的动力学［M］.田方萌，胡叶青，译.北京：中国人民大学出版社，2007.

[36] 柯文前，朱宇，陈晨等.1995—2015年中国人口迁移的时空变化特征［J］.地理学报，2022，77（2）：411－425.

[37] 赖德胜，孟大虎，李长安等.2014中国劳动力市场发展报告：迈向高收入国家进程中的工作时间［M］.北京：北京师范大学出版社，2014.

[38] 李丹.理解农民中国——社会科学哲学中的案例研究［M］.张天虹，张洪云，张胜波，译.南京：江苏人民出版社，2008.

[39] 李后强.生态康养论［M］.成都：四川人民出版社，2015.

［40］李竞能. 现代西方人口理论［M］. 上海：复旦大学出版社，2004.

［41］李克强. 不断深化医改推动建立符合国情惠及全民的医药卫生体制［J］. 求是，2011（22）：3 – 10.

［42］李莉，陈雪钧. 中国康养旅游产业的发展历程、演进规律及经验启示［J］. 社会科学家，2020（5）：74 – 78，90.

［43］李美云. 产业融合与中国第三产业自然垄断行业的改革［J］. 商讯商业经济文荟，2004（1）：52 – 55.

［44］李丫丫，潘安，彭永涛. 新兴产业产生：识别、路径及驱动因素［J］. 技术经济，2016，35（8）：62 – 66，117.

［45］李中秋，马文武，李梦凡. 中国养老模式及其演变逻辑的经济学分析——基于交换分工理论的视角［J］. 兰州学刊，2017（3）：200 – 208.

［46］厉无畏. 产业融合与产业创新［J］. 上海管理科学，2002（4）：4 – 6.

［47］刘伟，聂蕊. 健康中国战略下培育健康消费新业态的路径研究［J］. 卫生经济研究，2023，40（2）：1 – 5.

［48］刘延东. 深化卫生与健康事业改革发展 奋力开创健康中国建设新局面［J］. 中华骨与关节外科杂志，2017，10（6）：456 – 463.

［49］陆晓光. 马克思美学视阈中的"汉特医师"们——重读《资本论》［J］. 社会科学，2008（4）：95 – 107.

［50］吕岩. 健康产业：我国现代化进程中的巨大机遇和挑战［J］. 理论与现代化，2011（1）：16 – 20.

［51］马健. 物流企业的信息化融合研究［J］. 科技与经济，2002（5）：10 – 14.

［52］马克思，恩格斯. 马克思恩格斯文集（第四卷）［M］. 中共中央马克思恩格斯列宁斯大林著作编译局，编译. 北京：人民出版社，1995.

［53］马克思. 资本论（第一卷）［M］. 中共中央马克思恩格斯列宁斯大林著作编译局，编译. 北京：人民出版社，2004.

[54] 马小红，段成荣，郭静. 四类流动人口的比较研究 [J]. 中国人口科学，2014 (5)：36 - 46，126 - 127.

[55] 迈克尔·波特. 国家竞争优势 [M].2 版. 李明轩，邱如美，译. 北京：中信出版社，2012.

[56] 毛泽东选集（第一卷）[M]. 北京：人民出版社，1991.

[57] 毛振华，王健，毛宗福等. 加快发展中国特色的健康经济学 [J]. 管理世界，2020，36 (2)：17 - 26，58，215.

[58] 孟双见，吴海涛. 日本人口老龄化对日本社会经济的影响 [J]. 日本问题研究，2005 (4)：26 - 29.

[59] 齐峰. 人类卫生健康共同体：理念、话语和行动 [J]. 社会主义研究，2020，252 (4)：119 - 126.

[60] 秦轲. 社会嵌入视角下中国养老模式变迁研究 [J]. 财经问题研究，2017 (11)：133 - 138.

[61] 秦祖智，宗莉. 范畴与范式：健康产业研究的逻辑起点与分析框架 [J]. 中国卫生经济，2019，38 (11)：58 - 62.

[62] 任宣羽. 康养旅游：内涵解析与发展路径 [J]. 旅游学刊，2016，31 (11)：1 - 4.

[63] 任泽平，梁建章，黄文政，何亚福. 中国生育报告 2023 [R/OL]. (2023 - 01 - 19) [2023 - 09 - 02]. https：//mp. weixin. qq. com/s/DbhFY-iyKDJttMBdX066Kkg.

[64] 单元媛，赵玉林. 国外产业融合若干理论问题研究进展 [J]. 经济评论，2012 (5)：152 - 160.

[65] 桑志达. 关于马克思主义的组成和定义 [J]. 高校社会科学，1989 (3)：57 - 63.

[66] 宋健，李建民，郑真真等. 中国家庭的"转变"与"不变"[J]. 中国社会科学评价，2020 (3)：50 - 58.

[67] 宋健，张晓倩. 从人口转变到家庭转变：一种理论分析思路 [J]. 探索与争鸣，2021 (1)：129 - 136，180.

［68］宋金文.日本少子化的现状、对策与困境［J］.社会政策研究，2022（4）：3 - 24.

［69］宋科，虞思燕，杨雅鑫.消费升级再审视及历史回顾——一个新的理论分析框架［J］.经济纵横，2022（12）：97 - 103.

［70］苏东水.产业经济学［M］.北京：高等教育出版社，2000.

［71］孙军.需求因素、技术创新与产业结构演变［J］.南开经济研究，2008（5）：58 - 71.

［72］唐钧.大健康与大健康产业的概念、现状和前瞻——基于健康社会学的理论分析［J］.山东社会科学，2020，301（9）：81 - 87.

［73］万建武.重温毛泽东关于卫生防疫的重要论述［J］.求是，2020（6）：62 - 69.

［74］王广州，胡耀岭.从第七次人口普查看中国低生育率问题［J］.人口学刊，2022，44（6）：1 - 14.

［75］王广州，周玉娇.中国家庭规模的变动趋势、影响因素及社会内涵［J］.青年探索，2021（4）：41 - 49.

［76］王静.试析人类亚健康状态与大学生体育［J］.理论月刊，2011（2）：183 - 185.

［77］王立杰.健康社会学视角下整体健康的本质表达与实现路径［J］.体育科学，2022，42（4）：80 - 85.

［78］王伟.人口老龄化对日本经济的影响及日本政府的对策研究［D］.大连：东北财经大学，2007.

［79］王秀，李中平，赵春妮.亚健康的词源学探讨［J］.医学与哲学（人文社会医学版），2008（4）：38 - 40.

［80］王跃生.城乡家户、家庭规模及其结构比较分析［J］.江苏社会科学，2020（6）：11 - 24，241.

［81］王赵.国际旅游岛：海南要开好康养游这个"方子"［J］.今日海南，2009，137（12）：12.

[82] 王志鹏, 章莺. 健康新概念及其运动促进研究 [J]. 体育文化导刊, 2015, 155 (5): 72 - 75.

[83] 威廉·H. 麦克尼尔: 瘟疫与人 [M]. 余新忠, 毕会成, 译. 北京: 中国环境科学出版社, 2010.

[84] 温煦, 何平, 郑晓瑛. 健康经济学的发展与挑战 [J]. 中国卫生经济, 2017, 36 (7): 5 - 8.

[85] 吴帆. 低生育率陷阱究竟是否存在? ——对后生育率转变国家 (地区) 生育率长期变化趋势的观察 [J]. 人口研究, 2019, 43 (4): 50 - 60.

[86] 吴颖, 刘志迎, 丰志培. 产业融合问题的理论研究动态 [J]. 产业经济研究, 2004 (4): 64 - 70.

[87] 向小丹. 中国家庭: 托儿所的"生"与"死" [EB/OL]. (2018 - 11 - 21) [2023 - 07 - 20]. https://finance. sina. com. cn/roll/2018 - 11 - 21/doc - ihmutuec2171213. shtml.

[88] 肖建勇, 郑向敏. 模块化与产业融合: 耦合、机理及效应 [J]. 科技管理研究, 2012, 32 (14): 13 - 15, 30.

[89] 邢鸥, 张建. 人口老龄化背景下日本健康产业发展现状、政策及启示 [J]. 中国卫生经济, 2020 (3): 94 - 96.

[90] 徐海东, 周皓. 过度劳动、健康损耗与收入补偿 [J]. 劳动经济研究, 2021, 9 (3): 3 - 26.

[91] 徐勇. 学术创新的基点: 概念的解构与建构 [J]. 文史哲, 2019 (1): 10 - 12.

[92] 亚当·斯密. 道德情操论 [M]. 谢宗林, 译. 北京: 中央编译出版社, 2011.

[93] 杨善发. 马克思的健康与健康观及其当代启示 [J]. 中国农村卫生事业管理, 2018, 38 (7): 849 - 855.

[94] 杨胜慧, 陈卫. 中国家庭规模变动: 特征及其影响因素 [J]. 学海, 2015 (2): 154 - 160.

[95] 杨振，丁启燕，王宇．中国居民健康支出的时空差异与环境技术弹性 [J]．华中师范大学学报（自然科学版），2017，51（2）：247－252.

[96] 杨治．产业经济学导论 [M]．北京：中国人民大学出版社，1985.

[97] 于刃刚，李玉红．论技术创新与产业融合 [J]．生产力研究，2003（6）：175－177.

[98] 袁政．产业生态圈理论论纲 [J]．学术探索，2004（3）：36－37.

[99] 张车伟，赵文，程杰．中国大健康产业：属性、范围与规模测算 [J]．中国人口科学，2018（5）：17－29，126.

[100] 张婷婷．中国共产党人民健康观的发展——以话语分析为视角 [J]．上海师范大学学报（哲学社会科学版），2022，51（2）：61－68.

[101] 章太炎．俱分进化论 [M]//姜义华．章太炎卷．北京：中国人民大学出版社，2015.

[102] 赵玉林，王春珠．战略性新兴产业发展中创新与需求协同驱动异质性分析 [J]．中国科技论坛，2017（5）：41－48.

[103] 郑建清．消费结构变迁、经济服务化与经济增长 [D]．厦门：厦门大学，2019.

[104] 郑明高．产业融合趋势下的企业战略 [J]．中国流通经济，2010，24（6）：46－49.

[105] 植草益．信息通讯业的产业融合 [J]．中国工业经济，2001（2）：24－27.

[106] 智研咨询．2020 年中国母婴行业市场规模预测及行业发展新趋势分析 [R/OL]．（2021－03－23）[2023－07－20]．https：//www.chyxx.com/industry/202103/940394.html.

[107] 中华人民共和国国家卫生健康委员会．2021 年我国卫生健康事业发展统计公报 [EB/OL]．（2022－07－12）[2023－07－20]．https：//www.gov.cn/xinwen/2022－07/12/content_5700670.htm？eqid＝80b8e5b400082d0200000005645e1d66&wd＝&eqid＝b6724803004f9a3000000002649 69c99.

［108］中华人民共和国民政部.2021年民政事业发展统计公报［R/OL］.（2022－08－26）［2023－07－20］.https：//www.mca.gov.cn/images3/www2017/file/202208/2021mzsyfztjgb.pdf.

［109］周蕾.妇女运动新方向的确立——关于抗战时期中国共产党"四三决定"的探讨［J］.山西师大学报（社会科学版），2015，42（4）：14－19.

［110］周振华.产业融合：新产业革命的历史性标志——兼析电信、广播电视和出版三大产业融合案例［J］.产业经济研究，2003（1）：1－10.

［111］周振华.新型工业化道路：工业化与信息化的互动与融合［J］.上海经济研究，2002（12）：5－7.

［112］朱海艳.旅游产业融合模式研究［D］.西安：西北大学，2014.

［113］朱利安·图德·哈特.医疗服务的政治经济学［M］.2版.林相森，丁煜，译.上海：格致出版社，2014.

［114］朱瑞博.价值模块整合与产业融合［J］.中国工业经济，2003（8）：24－31.

［115］邹东涛、欧阳日辉.中国经济发展和体制改革报告：中国改革开放30年［M］.北京：社会科学文献出版社，2008.

［116］邹韬奋.萍踪寄语［M］.上海：上海三联书店，1987.

［117］Arrow K J, Bernheim B D, Feldstein M S, McFadden D L, Poterba J M, Solow R M. 100 Years of the American Economic Review：The Top 20 Articles［J］. *American Economic Review*，2011（101）：1－8.

［118］Grossman, M. On the Concept of Health Capital and the Demand for Health［J］. *Journal of Political Economy*，1972，80（2）：223－255.

［119］Selma J Mushkin. Health as an investment［J］. *Journal of Political Economy*，1962，70（5）：129－157.